Sebastian Dickhaut

Die Küche Australiens

- Crossover: Asien trifft Europa
- Seafood, Bushfood und Cookies
- Über 50 Originalrezepte

AUGUSTUS

Inhalt

Abkürzungen

EL	= Esslöffel	g	= Gramm
TL	= Teelöffel	Pck.	= Päckchen
Msp.	= Messerspitze	cm	= Zentimeter
l	= Liter	mm	= Millimeter
ml	= Milliliter	Ø	= Durchmesser
kg	= Kilogramm	°C	= Grad Celsius

Good on you, Australia

Den Blick über die weite rote Ebene des Outbacks schweifen lassen, im Regenwald dem Glucksen exotischer Vögel lauschen, die Lebensfreude in den Straßen der Metropolen und an den Stränden spüren – das ist Australien. Der fünfte Kontinent ist Ziel vieler Reisender. Gerade jetzt um die Jahrtausendwende gibt es »down under« auch für Genießer eine Menge Neues zu entdecken. Nach fast zwei Jahrhunderten unter dem (kulinarischen) Regime Englands hat sich in den letzten Jahrzehnten eine australische Küche entwickelt, die wenig mit »Old Britain« zu tun hat.

»Modern Australia« ist das Motto dieses Kochstils einer neuen Generation von Köchinnen, Köchen und Gästen, die aus aller Welt in dieses Land gekommen sind: aus dem Norden Europas und aus dem Mittelmeerraum, aus dem Orient, aus China und dem Südosten Asiens. Und nachdem sie ihre Küchen eingerichtet hatten, begannen sie sich gegenseitig in den Kochtopf oder in den Wok zu schauen. So entstand eine Fusion aus dem Besten, was die Küchen der Welt zu bieten haben. Daneben werden weiterhin Traditionen gepflegt: Country Houses bieten High Tea, beim Big Barbecue kann man die lässige Gastfreundschaft der Australier kennenlernen, und die wohl besten Fish 'n' Chips der Welt gibt es an den Küsten dieses Kontinents.

Australische Oase: das Palm Valley im roten Zentrum Australiens.

Ein Kontinent auf kulinarischer Weltreise

Australien war lange unbekanntes Land für die übrige Welt. Gerade mal 200 Jahre ist es her, dass die ersten britischen Schiffe hier anlegten, und erst vor gut 20 Jahren öffnete man sich in Richtung Asien. Viele Einwanderer kamen und fast alle blieben, fasziniert von der Schönheit des Landes und der offenen, sich ständig bewegenden Gesellschaft.

Dann sind da natürlich die abenteuerlustigen Globetrotter und seit den achtziger Jahren immer mehr Normaltouristen. Mit dem Jahr 2000 rückt die Olympiastadt Sydney in den Reiseplänen nach vorne. Dies ist kein schlechter Platz, um den Wandel des einst urbritischen Australien hin zu mehr Offenheit gegenüber dem Rest der Welt zu erfahren. Und dieser Wandel lässt sich an der neuen Küche Australiens ablesen.

Vom Plumpudding zur Aubergine

Noch vor gut 20 Jahren stand Australien in dem Ruf, kulinarisch in der Steinzeit zu leben. Mit den Aborigines, den Ureinwohnern des

Kontinents, hatte das nichts zu tun. Im Gegenteil: So wie die Einwanderer diese mit Füßen traten, so ignorierten sie auch die natürlichen Gegebenheiten Australiens. Die Küche des kalten Britanniens wurde ohne jede Veränderung hierher in die Südsee versetzt. Bis zum Ende des 19. Jahrhunderts waren hier stundenlang geschmorte Braten und der Plumpudding zur Weihnachtszeit Standard – und das bei 40 Grad im Schatten!

Dann kamen die ersten Siedler aus dem Mittelmeerraum, vor allem Italiener und Griechen, auch Libanesen. Und sie erkannten schnell, dass diese Region wie geschaffen für die Produkte ihrer Heimat ist. Sie begannen Auberginen und Tomaten zu pflanzen und holten Netze voller delikater, exotischer Fische ein. Noch heute sind viele der örtlichen »Fruit markets« in italienischer Hand, während der Handel mit Seafood oft von Griechen geführt wird.

Und Siedler aus dem deutschsprachigen Raum waren es, die hier im 19. Jahrhundert die ersten Reben pflanzten und damit die Wurzeln für das australische Weinwunder legten. Doch lange blieben die Volksgruppen unter sich. Erst nach dem Zweiten Weltkrieg ging ein kräftiger Schub durch die Bevölkerung des fünften Kontinents, der auch die Küchen in Bewegung brachte.

Asienküche und Bushfood

Menschen aus ganz Europa fanden in Australien ihre neue Heimat – vor allem in den Städten, wo bis heute der größte Teil der Australier lebt. Melbourne wuchs zum kulinarischen Zentrum des Kontinents heran. In den Siebzigern wurde Frankreich zum Maßstab fürs wahre Genießen, und Adelaide mit dem Barossa Valley entwickelte sich zur zweiten Hochburg für die wachsende Zahl australischer Gourmets.

Der Autor bei der Zubereitung von selbst gesammeltem Bushfood im Camp Oven.

Zugleich öffnete sich der Kontinent zaghaft in Richtung Asien, womit die letzte, entscheidende Entwicklung in Australiens Küchen begann: die Verschmelzung der traditionellen Kochstile Europas mit denen Chinas, Japans und Südostasiens. Von da war es dann nur noch ein kleiner Schritt in den eigenen, australischen Garten: Bushfood wurde en vogue – australische Wildpflanzen und -kräuter mit ihren Früchten, Samen und Blättern, Fleisch von Känguru und Emu, heimische Fische und Krustentiere. All das, von dem die Aborigines seit Jahrtausenden in der Wüste, im Regenwald und an der Küste gelebt hatten.

Nach 200 Jahren kulinarischer Weltreise von England über den europäischen Kontinent, den Orient und schließlich Asien machte sich Australiens Küche nun auf den eigenen Weg.

Modern Australia …

Die Wiederentdeckung des Bushfoods der Aborigines hat die Küche Australiens in den neunziger Jahren zwar bereichert, aber stärker geprägt wurde sie von dem kulinarischen Experiment, asiatische, europäische und orientalische Traditionen zu etwas Neuem, Eigenständigem zu verbinden.

»Modern Australia« heißt das erfolgreiche Ergebnis, ein Stil, der selbstbewusst und gekonnt mit den Küchen der Welt spielt. Wichtigster Motor ist dabei Sydney, die lebensfrohe Metropole an der Ostküste, größte Stadt des Kontinents (größer als die Rivalin Melbourne) und nicht nur im Jahr 2000 das australische Tor zur Welt. Hier hat ein buntes Gemisch aus Küchenchefs aller Nationen die Revolution gestartet, die von den ebenfalls in Sydney versammelten Medien des Kontinents kräftig unterstützt und vorangetrieben wurde.

… multikulturell

Inzwischen ist die Botschaft im Land angekommen: Drei Viertel aller australischen Haushalte haben einen Wok in der Küche stehen, und der Cappuccino zwischendurch ist in Alice Springs so selbstverständlich wie ein kühler Chardonnay zum Barramundi in Darwin. Aber auch die USA haben ihre Spuren in Australiens Ernährung hinterlassen: Der Trend zum Fast Food ist mittlerweile mächtig. Und sogar Old Britannia regiert – leider, muss man manchmal sagen – noch an einigen Herden …

Doch nicht alles Traditionelle muss schlecht sein. Ein Beispiel hierfür ist das allerorts beliebte Barbecue.

BBQ

Australien ohne Barbecue – das wäre wie China ohne Wok. Ob man nun einen fünfflammigen Truck mit Brathaube im Garten stehen hat oder seine Würstchen auf dem Klappholzkohlengrill brät, ist egal. Hauptsache, man ist draußen, in netter Gesellschaft und ordentlich hungrig. An vielen öffentlichen Plätzen Australiens sind Grillstationen eingerichtet, oft mit Heizplatten, die man einfach anschaltet wie zu Hause den Herd. Gratis – aber Saubermachen ist natürlich Ehrensache.

Das Great Outdoor Feeling gehört für die Bewohner der Vororte Sydneys wie für die Farmer im Outback zum australischen Lebensstil. Oft trifft man sich spontan und jeder hat seine Kühlbox mit dem Lieblingsbier und ein paar Steaks (oder einem feinen Wein und würzig mariniertem Seafood) dabei. Der Gastgeber wirft den Grill an, dann wird geredet, getrunken, gelacht und anständig gegessen.

Das typische australische Barbecue: bunt und abwechslungsreich.

Let's have a drink

Australiens Hitze ist so berüchtigt wie der Durst seiner Bewohner. »Let's have a beer or three« ist der Trinkspruch, mit dem so mancher fröhliche Abend unter dem Kreuz des Südens beginnt – mit einem »tab« in einem Pub oder mit dem »stubbie« irgendwo in der freien Natur.

Doch die Zeiten, als in Australien mehr Bier als auf dem übrigen Erdball getrunken wurde, sind inzwischen vorbei.

Australiens Weine

Dafür sorgen Australiens Weine jetzt weltweit für Aufsehen. Am bekanntesten sind die Roten aus dem Barossa Valley bei Adelaide in Südaustralien, sehr beliebt sind auch die Gewächse des Hunter Valley nördlich von Sydney. Kenner schätzen unter anderem auch die Weine des Clare Valley nördlich von Barossa, des Yarra Valley bei Melbourne und aus den Weingärten Tasmaniens.

Besonders gelungen sind die Roten – Shiraz, Cabernet und Cabernet Sauvignon hierbei an erster Stelle. Bei den Weißweinen steht inzwischen Chardonnay an der Spitze – wer den leichten Ton des Barriquefasses nicht mag, muss zu »Unwoodened Chardonnay« greifen.

Wenn Sie Typischeres trinken wollen, ordern Sie einen Semillon zu Ihren Meeresfrüchten. Verdellho und Gewürztraminer sind weitere Sorten, wobei die Namen nicht immer dasselbe wie in Europa bedeuten: Riesling etwa kann ein Süßwein sein oder aber ein klassischer Trockener von der Rieslingtraube, wie er in den letzten Jahren immer beliebter wird.

Weinberge im Hunter Valley, eine der bekanntesten Weingegenden Australiens.

Marktplatz voller Sensationen

Die Generationen von Einwanderern haben nicht nur Australiens Küche belebt, ihnen ist auch zu verdanken, dass der einst eher karge Kontinent inzwischen ein wahres Schlaraffenland geworden ist. Sonnengereifte Früchte und Gemüse, erstklassiges Seafood und prachtvolles Fleisch sind hier Standard, und von Apfelmus bis Zitronengras ist alles zu haben. Die typischsten Zutaten der Küche Australiens im Überblick:

Gemüse

Tomaten, Auberginen, Paprika und grüner Spargel, Asiatisches wie Bok choi und seine Verwandten (grünes Blattgemüse), Schlangenbohnen und Shiitake-Pilze. Staudensellerie, Spinat, Kürbis, Hülsenfrüchte. Gourmetkartoffeln wie »Kipfler«, exotische Sattmacher wie Süßkartoffeln und Yam-Wurzeln.

YOOTHA

Früchte

Ananas, Bananen, Kiwis, Mangos, Papayas und Passionsfrüchte, Mangostanen, Custard Apples (Cherimoya), Paradiesbirnen, Lychees. Beliebt sind auch Südfrüchte wie Melonen, Nektarinen und Pfirsiche sowie Europas Klassiker wie Beeren und Kirschen. Im Trend: Quitten.

Seafood

Barramundi, Whitling, Snapper, Bream, Flathead, außerdem Thunfisch, John Dory (St. Pierre), Red Mullet (Rotbarbe), Lachs, Sardinen. Dazu Riesengarnelen aller Art, Jakobs- und Miesmuscheln, Austern, Oktopus, Yabbies (Krebse), Blue Swimmer Crabs, regionale Spezialitäten wie Balmain Bugs, Delikatessen wie Rock Lobster (eher Languste als Hummer) und Mud Crab.

Fleisch

Rindfleisch vor allem als Steaks von T-Bone bis Scotch Filet (Filetsteak). Ebenso stolz ist man auf das würzige Lammfleisch. Sehr beliebt ist Hähnchenfleisch. Schweinefleisch gibt es vor allem als Speck, Hackfleisch und in der Asia-Küche. Känguru- und Emufleisch sind auch in Australien Raritäten.

Im Fischereihafen von Hobart, Tasmanien.

Nudeln & Co.

Nudeln aus China, Südostasien und Japan sind sehr gefragt. Man fasst sie in Australien unter dem Begriff »noodles« zusammen, im Unterschied zu den aus Italien bekannten »pasta«. Diese gibt es importiert und aus australischer Produktion in allen gängigen Sorten. Reis ist in vielen Arten von Risotto- bis Basmatireis zu haben, oft aus australischem Anbau. Ebenso sind Polenta- und Couscousgrieß aus heimischer Produktion nicht ungewöhnlich – ein Verdienst der Einwanderer. Beim Brot geht der Trend von watteweichen Toastbroten hin zu Gesünderem.

Aromen

Ingwer, Knoblauch, Chili, Thai-Currypaste, Cumin, Garam masala und Zitronengras sind gefragt, Wasabi (japanischer Meerrettich), Palmzucker oder Tamarinde geben einen exotischen Kick. Diverse Soja-, Fisch- und Austernsaucen, ebenso beliebt sind Pesto und Aceto balsamico. Kräuter: Basilikum, Koriandergrün, glatte Petersilie, würzige Mittelmeerkräuter und Minze. Saft, Schale und Blatt der (Kaffir-)Limette veredeln viele Gerichte.

Und sonst ...

Auch wenn Rohmilchkäse in Australien nicht erlaubt ist, haben die Käsemacher inzwischen für eine große Palette an Gourmetkäsen gesorgt. Beliebte Ergänzungen in der australischen Küche sind Semi Sun-Dried Tomatoes (nicht völlig getrocknete und dann eingelegte Tomaten), Black Beans (fermentierte Sojabohnen) oder Pandanblätter mit intensivem, mandelähnlichem Aroma.

Cool Starters

Für Gäste

Green Mango Fingers

Reispapiertaschen mit grüner Mango

Für 4–6 Portionen

- 3–4 grüne (unreife) Mangos
- 100 g Rettich
- 1 rote Zwiebel
- 3 Zweige Koriandergrün
- 3 Zweige Minze
- 1 Limette
- 1 EL Reisessig
- 1 EL asiatische Fischsauce
- ¼ TL Ingwerpulver
- 1 TL Palmzucker (aus dem Asienladen; ersatzweise Rohr- oder brauner Zucker)
- 12 gegarte Riesengarnelen (Prawns)
- 12 kleine Blätter Reispapier

Bild Seite 10/11

1. Mangos, Rettich und Zwiebel schälen. Das Mangofleisch vom Kern und in dünne Streifen schneiden oder grob raspeln, den Rettich ebenfalls. Die Zwiebel halbieren und in Streifen schneiden. Koriander und Minze waschen, trockenschütteln, die Blätter abzupfen und hacken.

2. Die Limette auspressen und den Saft mit Essig, Fischsauce, Ingwerpulver und Palmzucker verrühren. Die Prawns von Köpfen und Schalen befreien, die Schwanzspitzen dranlassen.

3. Die Reisblätter mit Wasser bestreichen, damit sie sich formen lassen. Mangos, Rettich und Zwiebelstreifen mit der Marinade und den Kräutern vermengen. Auf jedes Reisblatt etwas Mangosalat geben, von einer Seite her leicht einschlagen und so einrollen, dass eine nach oben offene Tüte entsteht, deren Boden die eingeschlagene Seite ist.

4. Die Green Mango Fingers in eine dekorative Schale geben. Die restliche Marinade in ein Schälchen geben und dazu servieren.

Zubereitungszeit:
ca. 30 Minuten

Variante

Gut schmecken auch Green Papaya Fingers – einfach grüne Papaya statt Mango verwenden.

Info

Kaum hat Ihr Obsthändler gelernt, richtig reife Mangos anzubieten, muss er wieder umdenken: Hier sollen die Früchte noch unreif, also fest und säuerlich sein. Dafür steht das »grün«. In Australien und Südostasien werden die grünen Früchte oft verwendet.

Tipp

Aufrecht in chinesischen Reisschalen oder in einer Auflaufform serviert wirken diese feinen Reispapiertaschen besonders gut.

Preiswert

Asian Coleslaw Fingers

Reispapiertaschen mit asiatischem Kohlsalat

Für 4–6 Portionen

- ½ Chinakohl
- 4 Frühlingszwiebeln
- 2 Möhren
- 1 Knoblauchzehe
- 1 Zitrone
- 2 EL asiatische Fischsauce
- 1 EL Reisessig (ersatzweise Sherryessig)
- 1 EL Honig
- 1 EL gehacktes Koriandergrün
- 12 kleine Blätter Reispapier

Bild Seite 10/11

1. Den Chinakohl und die Frühlingszwiebeln waschen und putzen. Den Chinakohl längs halbieren und quer in feine Streifen schneiden. Die Zwiebeln längs halbieren, in 5 cm lange Stücke und diese längs in feine Streifen schneiden. Die Möhren schälen, in Stücke und feine Streifen schneiden.

2. Die Knoblauchzehe schälen und fein würfeln, die Zitrone auspressen. Beides mit Fischsauce, Reisessig, Honig und Koriander verrühren. Die Reisblätter mit Wasser bepinseln, damit sie sich formen lassen.

3. Das Gemüse mit der Marinade vermischen, wie bei den Green Mango Fingers (Rezept linke Seite) in die Reispapierblätter wickeln und anrichten. Die restliche Marinade in ein Schälchen geben und dazu servieren.

Zubereitungszeit:
ca. 30 Minuten

Varianten

Sehr gut schmecken die Fingers auch mit jungem Weißkohl – am besten gleich Spitzkohl nehmen. Dieser wird fein gehobelt und dann mit ein wenig Salz kräftig durchgeknetet, damit er geschmeidig wird.

Auch köstlich: Zusätzlich einige in dünne Streifen geschnittene Champignons oder Shiitake-Pilze untermengen.

Info

Coleslaw nennen die Amerikaner ihren leicht süßlichen Krautsalat, den sie zu Ofenschinken oder einem würzigen BBQ-Steak lieben. Die hier vorgestellte Version schmeckt besonders gut zu gegrilltem chinesischem Schweinefleisch.

Tipps

Reispapier bekommen Sie in Asienläden oder in der Asia-Abteilung des Supermarktes. Achten Sie beim Einkauf darauf, dass die Blätter möglichst intakt sind, da sie sonst bei der Verarbeitung leicht reißen können. Zum Einweichen der Reispapierblätter diese mit einem feuchten Pinsel bestreichen, mit Wasser besprühen oder zwischen zwei feuchte Küchentücher legen.

Originell

Prosciutto with Pawpaw

Schinken mit Papaya

Für 4 Portionen

- 150 g Kirschtomaten
- 2 Limetten
- 1 kleine rote Chilischote
- 1 Bund Basilikum
- Salz
- 4 EL natives Olivenöl
- 2 reife Papayas
- 1 nicht zu reife Avocado
- 12 dünne Scheiben luftgetrockneter Schinken

1. Die Kirschtomaten waschen, putzen und vierteln. Ein Drittel der Tomatenviertel durch ein Sieb streichen und den Saft auffangen. Die Limetten auspressen.

2. Die Chilischote waschen, putzen und hacken. Basilikum waschen und trockenschütteln, die Blätter abzupfen und hacken. Tomaten- und Zitronensaft mit Salz, Chili, Basilikum und Olivenöl verrühren.

3. Papayas und Avocado halbieren, jeweils Kerne und Stein sowie die Schale entfernen. Das Fruchtfleisch von Papayas und Avocado würfeln und mit den Tomatenvierteln sowie der Marinade vermengen. Diese Mischung für 15 Minuten in den Kühlschrank stellen.

4. Jeweils 3 Schinkenscheiben mit etwas Papaya-Salsa auf einem Teller anrichten.

Zubereitungszeit:
ca. 20 Minuten
Marinierzeit:
15 Minuten

Variante
Schneiden Sie den Schinken in feine Streifen und vermischen Sie ihn mit der Papaya-Salsa – ein origineller Dip zum Barbecue oder zum Fondue. Wer mag, kann noch ein paar gehackte Petersilien- oder Korianderblättchen untermischen.

Serviertipp
Dazu schmeckt sehr gut knuspriges italienisches Weißbrot, dessen Teig mit Olivenöl verfeinert wurde. Aber auch ein frisches Baguette oder Fladenbrot sind eine passende Beilage.

Info

In Italien ist »prosciutto« einfach Schinken, in Australien steht der Begriff für die typischste Sorte: luftgetrockneter Schinken nach der Art von Parma oder San Daniele. Und der schmeckt nicht nur – wie in Italien üblich – zur Melone, sondern auch zu einer Exotin wie der Papaya.

Klassiker

Old-Fashioned Potato Salad
Kartoffelsalat auf alte Art

Für 4 Portionen

- 400 g aromatische fest kochende Kartoffeln (z. B. Kipfler, Bamberger Hörnchen)
- Salz
- ½ möglichst frisch gegartes Brathähnchen
- 10 gegarte und geschälte Riesengarnelen (Prawns)
- 50 g Mayonnaise
- 50 g saure Sahne
- 2 EL Sahne
- 1 TL Zitronensaft
- ½ TL abgeriebene Zitronenschale
- ½ TL Worcestersauce
- 1 EL gehackter Estragon
- Pfeffer

1. Die Kartoffeln waschen und in Salzwasser in 15 bis 20 Minuten bissfest garen. Das Hähnchen von Haut und Knochen befreien und in Stücke schneiden. Die Prawns längs halbieren.

2. Die Kartoffeln abgießen, kurz mit kaltem Wasser abschrecken und pellen. Die warmen Kartoffeln in Scheiben schneiden und mit dem Hähnchen und den Prawns in eine Schüssel geben.

3. Mayonnaise, saure und süße Sahne, Zitronensaft und -schale verrühren und mit Worcestersauce, Estragon, Salz und Pfeffer kräftig abschmecken.

4. Kartoffeln, Hähnchen und Prawns behutsam mit der Sauce vermengen und den Salat 30 Minuten bei Zimmertemperatur durchziehen lassen. Nochmals abschmecken und servieren.

Zubereitungszeit:
ca. 30 Minuten
Marinierzeit:
30 Minuten

Serviertipps
Dieser Salat ist keine schnöde Beilage; besser ist er in der Rolle eines Hauptgerichts oder eines elegant-rustikalen Snacks. Die richtige Bühne dafür ist ein großer flacher Teller, auf dem die einzelnen Zutaten zur Geltung kommen.

Am besten schmeckt dieser Salat mit kleinen aromatischen, fest kochenden Kartoffeln – am populärsten aber sind in Australien »Kipfler«, die den berühmten Bamberger Hörnchen ähneln.

Info

Wer in Australien in Sachen Trend vorne mit dabei sein will, der reitet derzeit auf der Retro-Welle: furnierte Tische wie in den Siebzigern, darauf Drinks in getönten Gläsern und dazu ein Klassiker wie dieser Kartoffelsalat mit Hähnchen vom örtlichen Charcoal Chicken Grill. Dazu gibt es die frisch gegarten Prawns vom Fish Shop um die Ecke. So kann einem der Salat in den In-Bars Sydneys begegnen, aber auch auf dem Küchentisch in einem einsamen Küstenort.

Exotisch

Thai Noodle Salad
Nudelsalat nach Thai-Art

Für 4 Portionen

- 8 Jakobsmuscheln mit Rogen
- 2 EL Öl
- Salz
- 1 Knoblauchzehe
- 1 Stück Zitronengras (ca. 3 cm)
- 200 g Schweinehackfleisch
- 200 ml ungesüßte Kokosmilch (aus der Dose)
- 6 EL Zitronensaft
- 5 EL Fischsauce
- 4 EL Zucker
- 1 TL rote Currypaste
- 3 Frühlingszwiebeln
- 100 g Sojabohnensprossen
- 1 kleines Bund Koriandergrün
- 200 g asiatische Eiernudeln (ersatzweise Linguine bzw. dünne Bandnudeln)

1. Die Muscheln waschen, trockentupfen. Rogen entfernen und jeweils den weißen »Fuß« an der Seite abschneiden. Das Öl im Wok oder in einer Pfanne erhitzen, die Muscheln salzen und je Seite 1 Minute braten, herausnehmen. Rogen 1 Minute im heißen Fett schwenken, salzen und herausnehmen.

2. Den Knoblauch schälen und hacken, das Zitronengras von Außenblättern befreien und in Ringe schneiden. Beides im Bratsatz anbraten, das Hackfleisch dazugeben und unter Rühren 2 Minuten braten. Mit Salz, Kokosmilch, Zitronensaft, Fischsauce, Zucker und Currypaste 20 Minuten schmoren. Abkühlen lassen.

3. Die Frühlingszwiebeln putzen, waschen und in Ringe schneiden. Die Sprossen abspülen und trockentupfen. Koriander waschen, trockenschütteln, die Blätter abzupfen und hacken.

4. Die Eiernudeln nach Packungsaufschrift in Salzwasser garen, abtropfen lassen und noch warm mit allen vorbereiteten Zutaten mischen. Falls nötig, mit Salz abschmecken. Sofort servieren.

Zubereitungszeit:
ca. 45 Minuten

Exotisch

Iced Watermelon Soup

Geeiste Melonensuppe

Für 4 Portionen

- 1 Stück Ingwer (ca. 5 cm)
- ½ unbehandelte Zitrone
- 1 TL Zucker
- 1 TL Garam masala (indische Gewürzmischung, ersatzweise milder Curry)
- ½ TL gemahlene Muskatnuss
- 1 Prise gemahlener Zimt
- ¼ l trockener Chardonnay
- 1 Wassermelone (ca. 1 kg)
- Salz
- Minzblätter zum Dekorieren
- Öl zum Frittieren
- 4 EL saure Sahne

1. Den Ingwer schälen und in dünne Scheiben hobeln. Die Zitrone heiß abwaschen und die Hälfte der Schale dünn abreiben. Den Saft auspressen.

2. Ein Viertel des Ingwers mit Zitronenschale und -saft, Zucker, Garam masala, Muskat und Zimt im Chardonnay 5 Minuten kochen und dann abkühlen lassen.

3. Die Melone schälen, entkernen und in Stücke schneiden. Die Melonenstücke im Mixer grob pürieren. Den Weinsud durch ein Sieb gießen und mit dem Melonenpüree vermischen, mit etwas Salz abschmecken. Die Melonensuppe 1 Stunde kühlen.

4. Die Minzblätter abbrausen und trockentupfen. Das Öl auf 180 °C erhitzen und die restlichen Ingwerscheiben darin knusprig ausbacken.

5. Die Melonensuppe auf vier Schalen verteilen und je 1 Esslöffel saure Sahne dazugeben. Mit Minzblättern und frittiertem Ingwer garnieren.

Zubereitungszeit:
ca. 30 Minuten
Kühlzeit:
1 Stunde

Serviertipp
Nicht neu, aber immer wieder schön: die Suppe in einer ausgehöhlten Melone servieren. Schneiden Sie dazu die Unterseite der Frucht etwas flach, damit sie gut steht. Nun einen Deckel abschneiden – groß genug, damit sich das Fruchtfleisch herauslösen lässt, klein genug, damit nicht zu viel Melone verloren geht. Die Melone gut durchkühlen und die Suppe einfüllen.

Tipp

Geben Sie am Ende noch einen Schuss Sekt in die Suppe, das macht sie sehr prickelnd und erfrischend.

Originell

Stephanie's Watermelon Rind Pickles

Eingemachte Wassermelonenrinde

Für 10 Portionen

- 1 kg Schale von Wassermelonen
- 50 g Salz
- 1 Zitrone
- 1 Stück Ingwer (ca. 3 cm)
- 2 Knoblauchzehen
- 1 Zimtstange
- 1 kg Zucker
- 600 ml Weißweinessig
- 1 TL Pimentkörner

1. Die Melonenschale waschen, in Stücke teilen und mit Salz und 1 Liter Wasser vermengen. 24 Stunden stehen lassen.

2. Die Melonenschalen in ein Sieb gießen, abspülen und in einem Topf knapp mit Wasser bedeckt 30 Minuten kochen lassen. Abgießen und abspülen.

3. Die Zitrone heiß waschen und in dünne Scheiben schneiden. Den Ingwer und den Knoblauch schälen, den Ingwer hobeln. Die Zimtstange in Stücke brechen. Alles mit Zucker, Essig, Piment und 600 Milliliter Wasser 20 Minuten kochen lassen.

4. Die Melonenschale zugeben und etwa 30 Minuten kochen lassen, bis sie weich und durchsichtig ist. In Einmachgläser füllen, verschließen und 1 bis 2 Wochen stehen lassen.

Zubereitungszeit:
ca. 1 Stunde 30 Minuten
Marinierzeit:
24 Stunden plus 1–2 Wochen

Serviertipp
Melonenpickles sind eine originelle Beilage zu mild geräuchertem Schinken oder Lachs. Sehr gut schmecken sie auch zu einer kross gebratenen Entenbrust. Und auf dem Buffet beim Barbecue sind sie ein echter Überraschungserfolg.

Info

Die Köchin und Autorin Stephanie Alexander hat wie keine andere Persönlichkeit den neuen australischen Kochstil geprägt. Inzwischen hat sie ihr renommiertes Lokal in Melbourne geschlossen und ein ambitioniertes Café eröffnet – ihre Klassiker sind aber weiterhin en vogue. Etwa dieses verblüffende Rezept, in dem sie aus scheinbar Unbrauchbarem eine Delikatesse schafft. Dies ist eine Kunst, die typisch für Asien und auch Australien ist.

Schnell

Spinach Salad with Beetroots

Spinatsalat mit Roter Bete

Für 4 Portionen

- 300 g junger Blattspinat
- 1 Bund Rucola
- 50 g eingelegte Rote Beten (aus dem Glas)
- 1 Bund Schnittlauch
- 50 g Ziegenfrischkäse
- 4 EL Milch
- 4 EL Rote-Bete-Saft (aus dem Glas)
- 2 EL Rotweinessig
- 5 EL Olivenöl
- Salz
- Pfeffer
- 1 Prise Zucker
- 6 Scheiben geräucherter Speck
- 40 g Parmesan

1. Blattspinat und Rucola waschen und putzen, dabei die Blätter in mundgerechte Stücke teilen. Die Roten Beten würfeln. Schnittlauch waschen, trockenschütteln und in Röllchen schneiden. Spinat, Rucola, Rote Bete und Schnittlauch in eine Schüssel geben.

2. Den Ziegenfrischkäse entrinden und mit der Gabel zerdrücken. Den Frischkäse mit Milch, Rote-Bete-Saft, Essig und Öl zu einem glatten Dressing verrühren, mit Salz, Pfeffer und Zucker abschmecken.

3. Den Speck in Streifen schneiden und in einer Pfanne knusprig braten. Das Dressing über den Salat geben und den Salat auf Tellern verteilen. Den warmen Speck darüber streuen und Parmesan darüber hobeln.

Zubereitungszeit:
ca. 25 Minuten

Varianten

Statt Spinat schmeckt in diesem Salat auch Portulak sehr gut, der in manchen Gegenden Australiens wild wächst. Auch die pfeffrige Brunnenkresse passt gut zu seinem kräftigen Aroma.

Probieren Sie diesen Salat einmal mit junger frischer Roten Bete: Die Knollen vom Grün befreien (die würzigen Blätter können Sie unter den Salat mischen) und gründlich waschen, dann in Salzwasser in gut 20 Minuten bissfest kochen. Die Beten noch heiß pellen und mit Essig, Salz und Zucker marinieren.

Info

Rote Bete ist »very australian«. Man findet sie auf dem Sandwich im Take-Away genauso wie als Beilage zum Steak vom Grill. Bei unserem Rezept vereint sie sich mit Spinat und Ziegenkäse zu einem modernen Salat im Stil eines Sydneysider Cafés.

Raffiniert

Tuna Carpaccio with Pickled Cucumbers

Thunfisch-Carpaccio mit Gurkenpickles

Für 4 Portionen

Für die Pickles
- 1 Salatgurke
- 2 TL Salz
- 1 rote Chilischote
- 4 EL Reis- oder Sherryessig
- 4 EL Apfelsaft
- 1 EL brauner Zucker

Für das Carpaccio
- ½ Knoblauchzehe
- 2 EL süße indonesische Sojasauce (Ketjab manis; ersatzweise dunkle Sojasauce mit ½ TL Honig)
- 1 EL Aceto balsamico
- 2 EL Olivenöl
- 200 g ganz frischer Thunfisch (siehe Tipp)
- frischer Parmesan

1. Für die Pickles die Gurke waschen, schälen und in dünne Scheiben hobeln. Mit dem Salz vermischen und in einem Sieb 1 Stunde Wasser ziehen lassen.

2. Die Gurkenscheiben kurz mit kaltem Wasser abspülen, leicht ausdrücken, gut abtropfen lassen und in eine Schüssel geben.

3. Die Chilischote waschen, putzen, entkernen und hacken. Reis- oder Sherryessig, Apfelsaft, Zucker und Chilischote aufkochen und heiß über die Gurkenscheiben gießen. 2 Stunden durchziehen lassen.

4. Für die Sauce den Knoblauch schälen und fein hacken. Mit Sojasauce, Aceto balsamico und Öl verrühren.

5. Den Thunfisch ganz dünn aufschneiden und auf vier Tellern verteilen. Mit der Sojamarinade beträufeln, die abgetropften Gurkenpickles in die Mitte setzen und Parmesan darüber hobeln.

Zubereitungszeit:
ca. 30 Minuten
Marinierzeit:
3 Stunden

Variante
Wenn Sie es noch ein wenig asiatischer mögen, lassen Sie den Knoblauch weg und streuen Sie stattdessen ein paar Frühlingszwiebelringe über das fertige Carpaccio. Zum Schluss reiben Sie ein wenig frischen Ingwer darüber. Den Parmesan sollten Sie dann weglassen.

Info

Mittelmeer trifft Pazifik: Der sonst für Sushi geschätzte rohe Thunfisch macht sich hier wunderbar in Form eines italienischen Carpaccios. Er wird dabei ganz westöstlich mit Aceto balsamico und süßer Sojasauce aromatisiert.

Tipp

Der Thunfisch für das Carpaccio sollte erstklassig sein: so frisch wie möglich, schön marmoriert und ohne dunkle Stellen – wie für japanisches Sashimi.

Für Gäste

Salmon Tartar with Sesame

Lachstatar mit Sesam

Für 4 Portionen

- 2 Frühlingszwiebeln
- 1–2 Möhren (ca. 100 g)
- 1 Hand voll Eiswürfel
- 2 EL Sesamsamen
- 1 EL japanische Sojasauce
- 400 g frischer Lachs
- 1 TL Reis- oder Sherryessig
- 1 TL Dijon-Senf
- 1 TL frisch geriebener Meerrettich

1. Die Frühlingszwiebeln waschen, putzen und in feine Ringe schneiden. Die Möhren schälen und in Streifen schneiden. Beides mit Eiswürfeln mischen und 30 Minuten stehen lassen.

2. Die Sesamsamen ohne Fett goldgelb rösten, zum Schluss noch 1 Spritzer Sojasauce dazugeben und die Samen damit überziehen. Abkühlen lassen.

3. Den Lachs in möglichst dünne Scheiben schneiden und diese mit dem asiatischen Hackbeil oder einem großen Messer fein hacken. Die restliche Sojasauce mit Essig, Senf und Meerrettich verrühren. Das Gemüse abtropfen lassen und trockentupfen.

4. Alle Zutaten vermischen, aber ein paar Zwiebelringe, Möhrenstreifen und Sesamsamen für die Garnierung beiseite legen. Das Tatar auf gekühlten Tellern anrichten und dekorieren.

Zubereitungszeit:
ca. 20 Minuten
Ruhezeit:
30 Minuten

Varianten

Auch anderer fetter Fisch, wie zum Beispiel Thunfisch, eignet sich für dieses Rezept.

Sehr exotisch: Würzen Sie das Tatar einmal mit ein paar Messerspitzen Wasabi, dem sehr scharfen, grünen Meerrettich Japans. Sie bekommen ihn als Pulver zum Anrühren oder als fertige Paste in Asienläden.

Serviertipp

Frisch geröstetes Toastbrot schmeckt besonders gut zum Salmon Tartar. Oder probieren Sie einmal echtes skandinavisches Knäckebrot dazu – very trendy!

Info

Da das Gemüse mit Eiswürfeln vermischt wird, wird es besonders »crispy«, also knusprig-knackig, ohne dabei zu sehr auszulaugen.

Gut vorzubereiten

Curry Chicken Sandwich

Hähnchen-Sandwich mit Curry

Für 4 Portionen

- 4 Hähnchenbrustfilets
- 1 TL Paprikapulver
- 3 TL Currypulver
- Salz
- 1 EL Öl
- 1 EL Sultaninen
- 1 EL Mango-Chutney
- 100 g Joghurt
- 50 g Doppelrahm-Frischkäse
- 1 Hand voll Spinatblätter (ersatzweise 4 Kopfsalatblätter)
- 1 kleine rote Zwiebel
- 8 Scheiben Vollkorn-Toastbrot

1. Den Backofen auf 200 °C (Umluft 180 °C, Gas Stufe 3–4) vorheizen. Die Haut von den Hähnchenbrustfilets abziehen. Paprikapulver, 1 Teelöffel Curry und ½ Teelöffel Salz mit Öl verrühren und die Brustfilets damit einreiben. In eine Auflaufform setzen, im Ofen (Mitte) 15 bis 20 Minuten garen. Abkühlen lassen.

2. Die Sultaninen in einem Sieb mit heißem Wasser abspülen. Das Mango-Chutney hacken. Joghurt und Frischkäse mit übrigem Curry glatt rühren, Sultaninen und Chutney einrühren. Die Hähnchenbrust würfeln und mit der Sauce vermengen. Mit Salz abschmecken.

3. Den Spinat putzen, waschen und trockentupfen. Die Zwiebel schälen und in Ringe schneiden. Den Toast rösten, 4 Scheiben mit Spinat belegen und den Geflügelsalat darauf geben. Die Zwiebelringe darauf verteilen, die übrigen Toastscheiben obenauf legen und die Sandwiches diagonal halbieren.

Zubereitungszeit:
ca. 45 Minuten

Variante

Ganz schnell geht es, wenn Sie ein fertiges Brathähnchen für dieses Sandwich verwenden. Dazu die Haut vom abgekühlten Hähnchen entfernen, das Fleisch von den Knochen lösen, würfeln und wie beschrieben zum Salat verarbeiten.

Vegetarisch

Lebanese Bread with Eggplant and Goat Cheese

Pita mit Auberginen und Ziegenkäse

Für 4 Portionen

- 400 g möglichst kleine Auberginen (siehe Tipp)
- 1 TL Salz
- 100 g eingelegte Rote Beten (aus dem Glas)
- 1 Knoblauchzehe
- 1 TL Kapern
- 2 Sardellen
- 5 EL Olivenöl
- Pfeffer
- Zucker
- 1 Bund Rucola
- 150 g Ziegenfrischkäse (von Laib oder Rolle)
- 3 EL Pesto (aus dem Glas)
- 2 EL Rotweinessig
- 4 kleine Pita-Taschen (vom türkischen Lebensmittelhändler)

1. Die Auberginen, falls nötig, längs teilen (siehe Tipp) und in 1 cm dicke Scheiben schneiden. Mit Salz vermischen und in einem Sieb 30 Minuten Wasser ziehen lassen.

2. In der Zwischenzeit die Roten Beten abtropfen lassen und hacken. Den Knoblauch schälen. Knoblauch, Kapern und Sardellen fein hacken. Mit Roten Beten, 4 Esslöffeln Öl und je 1 Prise Pfeffer und Zucker verrühren. Den Rucola putzen, waschen, trockenschütteln und in mundgerechte Stücke teilen. Den Ziegenkäse in 1 cm dicke Scheiben schneiden und kühl stellen.

3. Den Grill einschalten oder den Backofen auf 250 °C (Umluft 230 °C, Gas Stufe 6) vorheizen. Den Grillrost auf oberster Schiene einschieben. Die Auberginen trockentupfen, mit dem übrigen Öl vermengen und auf dem Rost 5 Minuten grillen, bis sie weich sind.

4. Den Backofen auf 200 °C (Umluft 180 °C, Gas Stufe 3–4) vorheizen bzw. zurückdrehen. Pesto und Essig verrühren, die warmen Auberginen damit vermengen und abkühlen lassen. Die Pita-Taschen im Ofen in 1 bis 2 Minuten aufbacken.

5. Die Taschen halbieren. Die Auberginen mit Rucola mischen und zusammen mit dem Ziegenkäse in die Pita-Hälften füllen. Mit Papierservietten umhüllen und mit der Öffnung nach oben in eine Schale schichten. Obenauf je 1 Klecks Rote-Bete-Tapenade geben und das Ganze mit Pfeffer übermahlen.

Zubereitungszeit:
ca. 1 Stunde

Tipp

In Australien sind neben großen Auberginen vor allem die hier verwendeten »Lebanese Eggplant« mit 2 bis 3 cm Ø populär. Bei uns gibt es sie öfter im türkischen Lebensmittelhandel. Größere Früchte sollten Sie vor dem Schneiden längs halbieren oder vierteln.

Hot Snacks

Klassiker

Spicy Wedges
Würzig frittierte Kartoffeln

Für 4 Portionen

- 4 Zweige Rosmarin
- 1 rote Chilischote
- 2 Knoblauchzehen
- 2 Limetten
- 600 g längliche neue Kartoffeln
- 1 ½ kg Frittierfett
- Salz
- 2 EL Tandoori-Gewürzmischung (ersatzweise 1 EL Currypulver und 1 EL Paprikapulver)

1. Den Rosmarin und die Chilischote waschen und trockentupfen. Den Knoblauch schälen, die Limetten halbieren. Die Kartoffeln waschen, trockentupfen und der Länge nach vierteln, größere Knollen entsprechend kleiner schneiden.

2. Rosmarin, Chilischote und Knoblauch im Fett auf 150 °C erhitzen, 1 Minute garen und herausnehmen. Die Kartoffeln ins heiße Fett geben und 1 bis 2 Minuten frittieren, bis sie zu bräunen beginnen. Herausnehmen und gut abtropfen lassen.

3. Das Fett auf 180 °C erhitzen. Die Kartoffeln darin knusprig frittieren, abtropfen lassen und in einer Schüssel mit Salz und der Gewürzmischung schwenken, bis sie davon überzogen sind.

4. Die Wedges mit je 1 Zweig frittiertem Rosmarin in asiatische Reisschalen füllen und mit den Limettenhälften zum Beträufeln servieren.

Zubereitungszeit:
ca. 30 Minuten

Variante
Sie können mit fast den gleichen Zutaten auch leckere Ofenkartoffeln zubereiten. Dazu die Knollen wie beschrieben vorbereiten, die Chilischote und die Knoblauchzehen grob hacken, mit Nadeln von 1 Zweig Rosmarin und 4 Esslöffeln Olivenöl vermischen und die Kartoffelviertel damit beträufeln. Die Kartoffeln im 180 °C heißen Backofen (Umluft 160 °C, Gas Stufe 2–3) in 30 bis 40 Minuten knusprig garen. Mit Salz, Tandoori-Gewürz und Limettensaft abschmecken.

Serviertipp
»A basket wedges«, ein mit Papierservietten ausgelegtes Körbchen voller frittierter Kartoffeln, ist die klassische Art, dieses Gericht zu servieren.

Info

Wedges sind die australischen Pommes frites, die gerne durch exotische Würze veredelt werden. Der Limettensaft ist eine Neuerung gegenüber dem Malzessig britischer Tradition.

Bild Seite 28/29

Originell

Tortilla with Sun-Dried Tomatoes
Tortilla mit getrockneten Tomaten

Für 8 Portionen

- 200 g kleine weiße Zwiebeln
- 1 kleines Bund frischer Thymian (ersatzweise 2 TL getrockneter Thymian)
- 2 EL Olivenöl
- 100 g Sahne
- 150 g getrocknete Tomaten in Öl (Fertigprodukt)
- 2 Eier
- 1 Eigelb
- 100 g Ricotta (ersatzweise Speisequark)
- 50 g geriebener Parmesan
- Salz
- Pfeffer
- 8 schwarze Oliven

Außerdem
- 8 Auflaufförmchen (10 cm Ø bzw. 150 ml Inhalt)

1. Die Zwiebeln schälen und in dünne Scheiben schneiden. Den Thymian waschen und trockenschütteln. 4 Zweige in 2 cm lange Stücke schneiden und beiseite legen, von den übrigen die Blättchen abstreifen und hacken.

2. Die Zwiebeln und den gehackten Thymian im Öl bei schwacher Hitze 5 Minuten glasig braten. Die Sahne angießen, 10 Minuten kochen, dann abkühlen lassen.

3. Die Tomaten abtropfen lassen, 4 Esslöffel Tomatenöl aufheben. Die Tomaten je nach Größe vierteln oder achteln. Je 1 Stück beiseite legen, restliche mit Zwiebeln, Eiern, Eigelb, Ricotta und Parmesan verrühren. Mit Salz und Pfeffer abschmecken.

4. Den Backofen auf 200 °C (Umluft 180 °C, Gas Stufe 3–4) vorheizen. Die Thymianzweige und die Oliven im Tomatenöl wenden, dann die Förmchen mit dem Öl ausstreichen. Zu drei Vierteln mit der Masse füllen und mit je 1 Tomatenstück, 1 Olive und 1 Thymianzweig garnieren. Im Ofen (Mitte) 20 bis 25 Minuten garen.

Zubereitungszeit:
ca. 30 Minuten
Garzeit:
20–25 Minuten

Exotisch

Tagliatelle with Octopus

Tagliatelle mit Oktopus-Ragout

Für 4 Portionen

- 1 Zwiebel
- 2 Knoblauchzehen
- 2 EL Butter
- 1 TL gemahlener Kreuzkümmel (ersatzweise Kümmel)
- 1 TL gemahlene Koriandersamen
- 1 TL Kurkuma
- 1 TL brauner Zucker
- 400 g geschälte Tomaten (aus der Dose)
- 600 g Baby-Oktopus
- 100 g Joghurt
- 400 g Tagliatelle (italienische Bandnudeln)
- Salz
- 1 Bund Estragon
- Pfeffer

1. Die Zwiebel und die Knoblauchzehen schälen, würfeln und bei schwacher Hitze in der Butter glasig braten. Kreuzkümmel, Koriander, Kurkuma und Zucker 1 Minute mitgaren.

2. Die geschälten Tomaten abtropfen lassen, grob hacken und mit der Gewürzmischung 10 Minuten kochen lassen. Den Oktopus in mundgerechte Stücke teilen, dabei die Körper rautenförmig einschneiden.

3. Die Oktopusstücke und den Joghurt mit den Tomaten in 50 bis 60 Minuten bei schwächster Hitze weich schmoren, je nach Größe auch etwas länger.

4. Die Nudeln in reichlich kochendem Salzwasser nach Packungsaufschrift bissfest garen. Den Estragon waschen und trockenschütteln, die Blätter abzupfen und hacken. Das Oktopus-Ragout mit Salz und Pfeffer abschmecken und den Estragon untermischen.

5. Die gegarten Nudeln in ein Sieb gießen. Die Tagliatelle mit dem Oktopus-Ragout vermischen und sofort servieren.

Zubereitungszeit:
ca. 30 Minuten
Garzeit:
50–60 Minuten

Variante
Auch die vegetarische Variante ist sehr geschmackvoll. Setzen Sie dazu wie beschrieben die Tomatensauce an und lassen Sie sie 30 Minuten köcheln. Geben Sie dann 400 Gramm angebratene Kürbis-, Auberginen- und Lauchstücke in die Sauce. Diese weitere 15 Minuten köcheln lassen. Mit den Nudeln servieren.

Serviertipp
Sie können dieses Ragout auch kalt mit Brot zum Tunken servieren. Besonders fein ist es, wenn Sie kurz vorher noch ein bisschen frischen Joghurt unterrühren.

Info

Damit Oktopus nicht hart und zäh wird, muss er entweder ganz kurz und sehr scharf angebraten werden oder wie hier lange und sanft schmoren.

Preiswert

Pumpkin Gnocchi with Red Onions

Kürbis-Gnocchi mit roten Zwiebeln

Für 4 Portionen

- 500 g Kürbis (Butternut oder Muskat)
- 250 g mehlig kochende Kartoffeln
- Salz
- etwa 250 g Mehl
- 1 Eigelb
- 1 rote Zwiebel
- 1 Bund glatte Petersilie
- 100 g Butter
- Pfeffer
- frisch geriebene Muskatnuss
- Zitronensaft

1. Den Kürbis vierteln, Kerne und Schale entfernen. Das Fruchtfleisch würfeln – es sollte etwa 250 Gramm ergeben. Die Kartoffeln waschen und in Salzwasser in 15 bis 20 Minuten weich kochen. Den Kürbis in Salzwasser in 10 bis 15 Minuten weich dünsten.

2. Die Kartoffeln pellen und stampfen oder durch die Presse drücken. Den Kürbis abgießen und 1 Minute ausdampfen lassen, stampfen oder durchpressen. Die heißen Pürees mit Eigelb und so viel Mehl verkneten, dass eine glatte, feste, noch formbare Masse entsteht.

3. Auf bemehlter Fläche aus der Masse daumendicke Rollen formen (siehe Tipp), in 2 cm lange Stücke teilen, mit Gabelzinken Muster darauf drücken. Mit Mehl bestäuben, abkühlen lassen.

4. Die Zwiebel schälen und würfeln. Die Petersilie waschen und trockenschütteln, die Blätter abzupfen und klein hacken. Die Butter aufschäumen lassen und die Zwiebel darin 5 Minuten dünsten.

5. Die Gnocchi in siedendem Salzwasser in 5 Minuten garen, mit einer Schaumkelle herausheben. Die Gnocchi abtropfen lassen und in der Zwiebelbutter mit der Petersilie schwenken. Mit Salz, Pfeffer, Muskat und Zitronensaft würzen.

Zubereitungszeit:
ca. 1 Stunde

Serviertipp
Dazu schmeckt ein würzig angemachter, nicht zu saurer Salat und als Getränk ein Glas australischer Rotwein, zum Beispiel Shiraz oder Cabernet Sauvignon.

Tipp

Sie können die Masse mit Händen zu Würsten formen und auf bemehlter Fläche behutsam rollen. Oder Sie spritzen die Masse mit einem Spritzbeutel ohne Tülle auf die Arbeitsfläche und rollen sie etwas nach – das geht am besten, wenn sie noch warm ist.

Vegetarisch

Buttermilk Polenta with Mushrooms

Buttermilch-Polenta mit Pilzen

Für 4 Portionen

Für die Polenta
- 500 g Buttermilch
- ½ TL Salz
- 220 g Polentagrieß
- 100 g geriebener Parmesan
- 100 g Butter
- Butter für das Backblech

Für das Pilzragout
- 400 g gemischte Pilze (z. B. Shiitake, Austernpilze, Champignons, Baumpilze)
- 4 Salbeiblätter
- 1 kleine rote Chilischote
- 1 Knoblauchzehe
- 4 EL Butter
- 4 EL Fischsauce

1. Buttermilch, ¼ Liter Wasser und Salz aufkochen und den Polentagrieß einrieseln lassen. Unter Rühren 20 Minuten quellen lassen, bis der Brei feinkörnig ist. Wird er zu dick, noch Wasser zugeben.

2. Parmesan und 50 Gramm Butter im Grieß schmelzen lassen. Die Polenta fingerdick auf ein gefettetes Backblech streichen und über Nacht auskühlen lassen.

3. Die Pilze putzen, dabei möglichst nur mit einem trockenen Tuch abreiben. Stiele entfernen und die Kappen in Stücke teilen. Salbei waschen, trockentupfen und in Streifen schneiden. Chilischote putzen, waschen und in Streifen schneiden. Knoblauch schälen und würfeln.

4. Die Polenta in Quadrate schneiden und in der übrigen Butter auf beiden Seiten in 6 bis 8 Minuten knusprig braten. Knoblauch und Chili in Butter anbraten, Pilze und Salbei kurz mitbraten. Mit Fischsauce ablöschen und zugedeckt 5 Minuten dünsten lassen. Die gebratene Polenta mit dem Pilzragout anrichten.

Zubereitungszeit:
ca. 1 Stunde
Ruhezeit:
über Nacht

Varianten

Mischen Sie kurz vor dem Servieren noch 250 Gramm kurz angebratene Rinderfiletstreifen unter das Pilzragout.

Auch ein paar von Anfang an mitgeschmorte Kirschtomaten schmecken gut.

Info

Die Buttermilch gibt der Polenta einen besonders herzhaften und leicht säuerlichen Geschmack. Achten Sie beim Rühren darauf, dass die Polenta nicht zu stark anbrennt – ganz lässt sich dies jedoch nie vermeiden.

Tipp

Durch das lange Garen wird die Polenta richtig geschmeidig. Wem das zu mühsam ist, kann zu vorgegartem Instant-Polentagrieß greifen, der in wenigen Minuten fertig gekocht ist. Dann aber nur 400 Gramm Buttermilch verwenden.

Raffiniert

Risotto with Shiraz and Chicory

Shiraz-Risotto mit Chicorée

Für 4 Portionen

- 1 rote Zwiebel
- 2 Knoblauchzehen
- 4 Chicoréestauden
- 2 Frühlingszwiebeln
- 1 Bund Basilikum
- ½ l Hühnerbrühe
- 5 EL Olivenöl
- 200 g Risottoreis
- ¼ l Shiraz oder ein anderer kräftiger Rotwein
- 2 EL Butter
- Salz
- Pfeffer
- Zucker
- 100 g Sahne
- 100 g geriebener Parmesan

1. Die Zwiebel und den Knoblauch schälen und würfeln. Den Chicorée halbieren, waschen und vom Strunk befreien. Die Frühlingszwiebeln waschen, putzen und das Weiße in feine Ringe schneiden, das Grün anderweitig verwenden (z. B. für Brühe). Das Basilikum waschen und trockenschütteln, die Blättchen abzupfen.

2. Die Brühe aufkochen und bei schwacher Hitze kochen lassen. Zwiebel und Knoblauch im Öl anbraten, den Reis darin in 1 Minute glasig braten. Mit dem Wein ablöschen und diesen bei schwacher Hitze unter Rühren einkochen lassen.

3. Den Risotto knapp mit Brühe bedecken und diese unter Rühren einkochen lassen. Dies so lange wiederholen, bis die Brühe verbraucht und der Reis leicht suppig, aber im Kern noch bissfest ist.

4. Inzwischen die Frühlingszwiebeln in einem weiten Topf in der Butter glasig braten. Die Chicoréehälften hineinsetzen, mit Salz, Pfeffer und 1 Prise Zucker würzen und mit Sahne aufgießen. Den Chicorée in 5 bis 8 Minuten bissfest schmoren und das Basilikum zugeben.

5. Den Chicorée auf vorgewärmten Tellern anrichten und mit etwas Sauce begießen. Die restliche Sauce mit Parmesan und Risotto vermengen und mit Salz und Pfeffer abschmecken. Den Chicorée mit dem Risotto anrichten.

Zubereitungszeit:
ca. 1 Stunde

Info

Wenn in Europa das Frühjahr anbricht, beginnt in Australien der Herbst, und in den Weingegenden läuft die Lese auf Hochtouren. Wenn dann die Abende kühler werden, ist dieser mit Australiens berühmtem rotem Shiraz angesetzte Risotto genau das Richtige.

WYNNS
COONAWARRA
AUSTRALIAN
SHIRAZ
VINTAGE 1976

Klassiker

Bacon and Egg Sandwich

Sandwich mit Speck und Ei

Für 2 Portionen

- 1 Knoblauchzehe
- 1 grüne Tomate
- 2 EL Öl
- 4 Scheiben Frühstücksspeck
- 2 Eier
- 4 Scheiben Toastbrot
- 2 EL Butter

1. Die Knoblauchzehe schälen und halbieren. Die grüne Tomate waschen, putzen, vom Stielansatz befreien und in 4 dicke Scheiben schneiden.

2. In einer großen oder zwei kleineren Pfannen den Knoblauch im Öl erhitzen. Den Speck hineinlegen, die Eier hineinschlagen und die Tomatenscheiben dazugeben. Alles auf einer Seite knusprig braten, wenden und fertig braten – das dauert insgesamt etwa 5 Minuten. Die Spiegeleier sollten im Dotter noch etwas flüssig sein.

3. Inzwischen die Toastbrote toasten und mit Butter bestreichen. Auf 2 Scheiben je 2 Scheiben Speck, 1 Spiegelei und 2 Tomatenscheiben legen, die restlichen Toastscheiben darauf geben, leicht festdrücken und die Sandwiches sofort servieren.

Zubereitungszeit:
ca. 15 Minuten

Info

Das Sandwich eignet sich als zweites Frühstück, wenn man in Australien auf großer Tour ist; ein echter Outbacker macht es sich allerdings gleich nach dem Aufstehen zu seiner Tasse löslichem Kaffee. Der Knoblauch und die grüne Tomate geben dem Snack das »gewisse Etwas«.

Preiswert

Oven Roots
Wurzelgemüse aus dem Ofen

Für 4 Portionen als Hauptgericht

- 500 g fest kochende Kartoffeln
- 500 g Möhren
- 500 g Petersilienwurzeln
- 250 g Zwiebeln
- Salz
- 100 g Butter
- 50 g brauner Zucker
- Pfeffer
- frisch geriebene Muskatnuss
- 1 Bund glatte Petersilie
- 2 TL Zitronensaft

1. Kartoffeln, Möhren, Petersilienwurzeln und Zwiebeln schälen. Kartoffeln in 2 cm dicke Stifte schneiden. Möhren und Petersilienwurzeln in etwa 6 cm lange Stücke schneiden und je nach Größe vierteln oder halbieren. Zwiebeln halbieren und in dicke Streifen schneiden.

2. Kartoffeln und Möhren 5 Minuten in Salzwasser kochen, Petersilienwurzeln zugeben und weitere 3 Minuten kochen. Abgießen und abtropfen lassen.

3. Backofen auf 175 °C (Umluft 160 °C, Gas Stufe 2) vorheizen. Zwiebeln in Butter 2 Minuten dünsten, mit Gemüse und Zucker mischen und in eine Auflaufform geben. Mit Salz, Pfeffer und Muskat würzen und im Ofen (Mitte) 30 Minuten garen, ab und zu umrühren. Das fertige Gemüse sollte weich und mit Sirup überzogen sein.

4. Petersilie waschen und trockenschütteln, die Blätter abzupfen und hacken. Zitronensaft und Petersilie unter das Gemüse mischen.

Zubereitungszeit:
ca. 30 Minuten
Garzeit:
30 Minuten

Varianten

Sie können auch andere Wurzelgemüse für dieses Rezept verwenden. Variieren Sie das Gericht doch einmal mit Knollensellerie, weißen Rübchen oder Kohlrabi. Oder Sie nehmen nur Kartoffeln und Rote Bete – das schmeckt toll und ist sehr, sehr australisch. Wer mag, kann am Ende noch einen Spritzer Essig (am besten Malzessig) zugeben.

Tipp

Ein Rezept aus der deftigen Country-Küche. Die würzig-süßen »Ofenwurzeln« können als Hauptgericht oder als Beilage zum Braten serviert werden.

Gut vorzubereiten

Stir-Fried Beans with Almonds
Pfannengerührte Bohnen mit Mandeln

Für 4 Portionen

- 600 g grüne Schlangenbohnen (ersatzweise Prinzessbohnen)
- 6 Scheiben Frühstücksspeck
- 1 Knoblauchzehe
- 1 Chilischote
- 6 geschälte Tomaten (aus der Dose)
- 1 kleines Bund Dill
- 200 g dünne Reisnudeln für Suppen
- 500 ml Öl zum Frittieren
- 100 g Mandelblättchen
- 5 EL Sojasauce
- Salz
- Pfeffer
- 2 EL Zitronensaft

1. Die Bohnen waschen, putzen und in 4 cm lange Stücke schneiden. Den Speck in Streifen schneiden. Den Knoblauch schälen und würfeln. Die Chilischote waschen, putzen und fein würfeln. Die Tomaten abtropfen lassen und grob hacken. Den Dill waschen, trockenschütteln, die Spitzen abzupfen und hacken.

2. Die Reisnudeln in einen Gefrierbeutel geben und in Stücke brechen. Das Öl im Wok auf 180 °C erhitzen und die Nudeln darin in 1 bis 2 Minuten knusprig frittieren. Die Nudeln abtropfen lassen und beiseite stellen.

3. Das Öl bis auf 3 Esslöffel aus dem Wok gießen. Das verbliebene Öl stark erhitzen und darin den Speck mit der Chilischote und den Mandeln 1 Minute braten, dann herausnehmen.

4. Die Bohnen im Wok unter Rühren 2 bis 3 Minuten braten. Mit den Tomaten und der Sojasauce weitere 5 Minuten bei schwacher Hitze kochen lassen.

5. Die Mandelmischung, die frittierten Nudeln und den Dill unter die Bohnenmischung rühren, mit Salz und Pfeffer abschmecken, kurz erhitzen und mit Zitronensaft beträufeln. Sofort servieren.

Zubereitungszeit:
ca. 45 Minuten

Info

Schlangenbohnen sind sehr lange, sich nach oben hin leicht aufrollende Bohnen, die Sie manchmal im Asienladen und mitunter auch beim Gemüsehändler finden. Diese Bohnen, auch Spargelbohnen genannt, sind typisch für dieses Wok-Gericht.

Tipp

Wer keinen Wok hat, frittiert die Nudeln in der Fritteuse oder im Topf und brät das Stir Fry bei starker Hitze in einer großen Pfanne. Diese aber nicht zu hoch füllen.

Raffiniert

Tomato Brew with Lemon Grass

Tomatensud mit Zitronengras

Für 4 Portionen

- 400 g Tomaten
- 1 Bund Koriandergrün
- 1 EL Fischsauce
- 2 Frühlingszwiebeln
- 3 Stängel Zitronengras (ca. 10 cm)
- 5 Kaffirlimettenblätter (ersatzweise 1 TL abgeriebene Limettenschale)
- 2 Knoblauchzehen
- 1 Stück Ingwer (ca. 3 cm)
- 1 Döschen Safran (0,01 g)
- ¼ l trockener Sherry
- Salz

1. Die Tomaten waschen und putzen. 1 Tomate überbrühen, abschrecken und häuten. Die Kerne entfernen und das Fruchtfleisch würfeln. Den Koriander waschen und trockenschütteln. Von 4 Zweigen Blätter abzupfen, hacken und mit den abgezogenen Tomatenwürfeln und Fischsauce verrühren.

2. Die Zwiebeln waschen, putzen und in Stücke schneiden. Das Zitronengras von den äußeren Blättern befreien, mit der Hand flach drücken, in Stücke schneiden. Die Limettenblätter waschen, grob hacken. Knoblauch und Ingwer schälen und in Scheiben schneiden.

3. Die übrigen Tomaten würfeln und in einem Topf mit allen vorbereiteten Zutaten außer den marinierten Tomatenwürfeln vermengen. Safran, 1 Liter Wasser und den Sherry zugeben. 45 Minuten bei schwacher Hitze kochen lassen.

4. Ein Sieb mit einem Küchentuch auslegen und in einen Topf hängen. Den Tomatensud mit der Schöpfkelle hineingießen und langsam durchlaufen lassen. Mit etwas Salz abschmecken und nochmals aufkochen. Die marinierten Tomaten in Suppentassen verteilen und die Suppe hineingießen. Sofort servieren.

Zubereitungszeit:
ca. 30 Minuten
Garzeit:
45 Minuten

Originell

Pumpkin Soup with Coconut and Ginger

Kürbissuppe mit Kokos und Ingwer

Für 4 Portionen

- 500 g Kürbis (Butternut oder Muskat)
- 1 Zwiebel
- 1 Knoblauchzehe
- 1 mehlig kochende Kartoffel (ca. 80 g)
- 2 EL Öl
- 400 ml ungesüßte Kokosmilch (aus der Dose)
- 400 ml Gemüsebrühe
- 2 TL rote Currypaste
- Salz
- 1 Stück Ingwer (ca. 5 cm)
- Fett zum Frittieren

1. Den Kürbis vierteln, entkernen und schälen. Das Fruchtfleisch würfeln. Zwiebel, Knoblauch und Kartoffel schälen und würfeln.

2. Die vorbereiteten Zutaten in einem Topf im Öl kurz anbraten. Die Kokosmilch und die Brühe angießen. Mit Currypaste und Salz würzen und alles in 20 bis 25 Minuten weich kochen.

3. Die Suppe durch ein Sieb streichen. Den Ingwer schälen und der Länge nach in dünne Streifen hobeln. Die Suppe nochmals erhitzen. Das Frittierfett auf 180 °C erhitzen und den Ingwer darin kurz frittieren. Die Suppe in Tassen füllen und mit frittiertem Ingwer garnieren.

Zubereitungszeit:
ca. 30 Minuten
Garzeit:
20 Minuten

Varianten
Sie können die Suppe auch mit Fischfond statt mit Gemüsebrühe zubereiten und sie mit ein paar gegarten Prawns oder Muscheln servieren.

Wenn Sie eine klassische australische Pumpkin Soup kochen wollen, verwenden Sie statt der Kokosmilch zusätzliche Brühe, lassen den Curry und den Ingwer weg und geben dafür am Ende einen Klecks saure Sahne in die Suppe.

Serviertipp
Besonders eindrucksvoll ist es, die Suppe im Kürbis auf den Tisch zu bringen. Dazu von einem großen Kürbis den Deckel abschneiden und das Fleisch herauslösen, ohne die Schale zu verletzen. Den ausgehöhlten Kürbis auf ein Backblech setzen und etwa 1 cm hoch Wasser angießen. Den Kürbis für 20 Minuten in den 150 °C heißen Ofen (Umluft 130 °C, Gas Stufe 1) schieben. Die heiße Suppe in den Kürbis gießen und servieren.

Seafood

Für Gäste

Seafood Platter Sydney-Style

Meeresfrüchteplatte »Sydney«

Für 4 Portionen

Für die Garnelen
- 2 Limetten
- 1 Knoblauchzehe
- 1 Stück frischer Ingwer (ca. 3 cm)
- 1 TL Palm- oder Rohrzucker
- 200 ml ungesüßte Kokoscreme (aus der Dose)
- 12 Riesengarnelen (Prawns)

Für die Fishcakes
- 500 g gegarter Fisch
- 60 g grüner Spargel
- 1 Eigelb
- 2 EL rote Currypaste
- 1 TL Rohrzucker
- 1–2 TL Fischsauce
- 1 EL gehacktes Koriandergrün
- Salz

Für die Austern
- 1 Bund Schnittlauch
- 4 Zweige frischer Estragon
- 1 Limette
- 5 EL Crème fraîche
- 4 EL geriebener Parmesan
- Salz
- Pfeffer
- 12 frische geöffnete Austern

Außerdem
- Öl zum Braten
- 2–3 Limetten

Bild Seite 44/45

1. Für die Garnelen die Limetten heiß waschen, die Schale abreiben. Den Saft von 1 Limette auspressen. Knoblauch und Ingwer schälen und fein hacken, mit Limettenschale, Zucker und Kokoscreme 2 Minuten kochen lassen. Den Limettensaft einrühren, abkühlen lassen. Die Prawns abspülen, von den Köpfen befreien und in der Marinade 3 Stunden kühlen.

2. Für die Fishcakes den gegarten Fisch fein hacken. Den Spargel waschen, trockentupfen und dickere Stangen längs teilen. In dünne Scheiben schneiden und mit dem Fisch sowie allen übrigen Zutaten vermengen. 1 cm dicke und 4 cm große Küchlein formen.

3. Für die Austern die Kräuter waschen, trockenschütteln und fein hacken. Die Limette heiß waschen, die Schale abreiben und den Saft auspressen. Alles mit Crème fraîche und Parmesan vermengen, salzen und pfeffern.

4. Den Grill anstellen oder den Backofen auf höchste Stufe vorheizen. Reichlich Öl im Wok oder in einer großen Pfanne erhitzen. Die Fishcakes nacheinander im Öl auf jeder Seite in 1 bis 2 Minuten goldgelb braten, warm stellen. Die Prawns abtropfen lassen und im Öl unter Wenden 1 bis 2 Minuten garen.

5. Die Kräutercreme auf die Austern verteilen und diese unter dem Grill 2 Minuten überbacken. Die Limetten in Spalten schneiden und zur Meeresfrüchteplatte servieren.

Zubereitungszeit:
ca. 1 Stunde
Marinierzeit:
3 Stunden

Info

In Sydney würde man Balmain Bugs oder Rock Lobster statt Prawns für dieses Gericht verwenden. Beide sind jedoch teuer und in Deutschland auch kaum zu bekommen.

Klassiker

Yabbies in Muscat

Krebse in Süßwein

Für 4 Portionen

- 1 kg Yabbies (Süßwasserkrebse)
- 1 kleine Knoblauchzehe
- 2 Frühlingszwiebeln
- 2 Stangen Staudensellerie
- 1 gelbe Paprikaschote
- 100 g Butter
- ¼ l australischer Muscat (oder anderer Süßwein)
- Salz
- Cayennepfeffer
- Zitronensaft
- Zucker
- 1 EL gehacktes Basilikum

1. Die Yabbies abspülen und mit einem großen Messer längs halbieren. Die dunklen Darmstränge entfernen.

2. Den Knoblauch abziehen und fein würfeln. Die Frühlingszwiebeln, den Staudensellerie und die Paprikaschote waschen und putzen. Die Zwiebeln in Ringe schneiden, den Staudensellerie in dünne Scheiben. Die Paprikaschote würfeln.

3. Den Knoblauch in der Butter glasig braten, dann die übrigen Gemüse dazugeben und alles 10 Minuten dünsten lassen. Die Yabbies zugeben und mit Salz würzen.

4. Mit dem Süßwein aufgießen und 5 Minuten sieden, jedoch nicht kochen lassen. Die Yabbies mit Salz, Cayennepfeffer, Zitronensaft und Zucker abschmecken. Das gehackte Basilikum einrühren und alles vor dem Servieren noch 1 Minute ziehen lassen.

Serviertipp
Dieses Gericht bringen Sie am besten in tiefen Tellern oder einer großen Suppenschale zu Tisch. Dazu schmeckt geröstetes Knoblauchbrot, das mit geriebenem Chesterkäse und ganz wenig Cayennepfeffer bestreut wird.

Zubereitungszeit:
ca. 1 Stunde

Info

Yabbies sind australische Süßwasserkrebse – kein richtiges Seafood also, aber eine feste Größe in der feinen Landhausküche wie auch in der einfachen Farmerküche des fünften Kontinents. Die Heimat der Yabbies sind oft die Löschwasserteiche, mit denen Farmer sich ein Reservoir für Dürrezeiten schaffen.

Exotisch

Stir-Fried Octopus
Pfannengerührter Oktopus

Für 4 Portionen

- 1 Knoblauchzehe
- Salz
- 4 EL schwarze Bohnen (aus der Dose)
- 2 EL Einmachsud von den schwarzen Bohnen (aus der Dose)
- 3 EL Limettensaft
- 1 TL Palmzucker (aus dem Asienladen; ersatzweise Rohr- oder brauner Zucker)
- 4 EL Öl
- 700 g Baby-Oktopus
- 2 kleine Bok choi (ersatzweise 200 g Mangold)
- 1 Paprikaschote
- 1 Stück Ingwer (ca. 2 cm)
- 1 Bund glatte Petersilie

1. Den Knoblauch schälen, hacken, mit Salz bestreuen und mit der Messerklinge zerreiben. Die Bohnen gründlich abspülen. Knoblauch, Bohnensud, Limettensaft, Zucker und 1 Esslöffel Öl verrühren.

2. Den Oktopus in mundgerechte Stücke teilen. Die Köpfe mit dem Messer rautenförmig einschneiden, ohne das Fleisch zu zerteilen. Mit der Marinade vermischen, 30 Minuten durchziehen lassen.

3. Die Bok choi waschen, putzen und in Stücke schneiden. Die Paprikaschote waschen, putzen und in Stücke schneiden. Den Ingwer schälen und fein reiben. Die Petersilie waschen, trockentupfen, die Blätter abzupfen und grob hacken. Den Oktopus abtropfen lassen und trockentupfen, die Marinade aufheben.

4. 1 Esslöffel Öl im Wok stark erhitzen, die Hälfte des Oktopus darin 30 Sekunden unter Rühren braten, in ein Sieb schütten. Den übrigen Oktopus in 1 Esslöffel Öl ebenso braten.

5. Restliches Öl erhitzen und Paprika mit Ingwer darin 1 Minute unter Rühren braten. Bok choi und Bohnen kurz mitbraten, die Marinade und den aufgefangenen Saft des Oktopus zugeben. Alles in 1 bis 2 Minuten bissfest schmoren. Vom Herd ziehen, mit Oktopus und Petersilie vermischen. Das Stir Fry mit Reis servieren.

Zubereitungszeit:
ca. 30 Minuten
Marinierzeit:
30 Minuten

Tipp

Um Oktopus zart wie Fisch statt hart wie Gummi zu servieren, kann man ihn sanft schmoren (siehe Ragout Seite 32) oder, wie hier, blitzschnell bei starker Hitze braten, was am besten im Wok funktioniert.

Preiswert

Cuttlefish Curry
Tintenfisch-Curry

Für 4 Portionen

- 600 g küchenfertige Sepiatuben
- 250 g Patisson-Kürbisse (ersatzweise Zucchini)
- 100 g Kirschtomaten
- 4 Frühlingszwiebeln
- 150 g Zuckerschoten
- 1 Knoblauchzehe
- ½ TL Kreuzkümmel
- ½ TL Fenchelsamen
- 1 EL Currypulver
- 2 EL Butter
- Salz
- Pfeffer
- ⅛ l ungesüßte Kokosmilch
- 4 Zweige Minze
- etwas Zitronensaft

1. Die Sepiatuben abspülen und trockentupfen. Mit dem Messer rautenförmig einschneiden, ohne dabei das Fleisch zu durchtrennen. Die Sepien in 2 cm breite Ringe schneiden.

2. Das Gemüse waschen und putzen. Kürbisse und Tomaten vierteln, Zwiebeln in Stücke, Zuckerschoten in Streifen schneiden. Den Knoblauch schälen und würfeln, den Kümmel und die Fenchelsamen hacken.

3. Kümmel, Fenchelsamen und Curry ohne Fett 1 Minute rösten. Die Butter darin schmelzen und den Knoblauch darin glasig braten. Die Sepien zugeben und unter Rühren 1 Minute stark braten. Das Gemüse 1 weitere Minute mitbraten.

4. Alles salzen, pfeffern und mit der Kokosmilch 30 Minuten sanft schmoren lassen, bis die Sepien weich sind. Die Minze waschen und trockenschütteln. Die Blätter abzupfen, hacken und mit etwas Zitronensaft in das fertige Curry rühren. Das Curry nochmals abschmecken.

Zubereitungszeit:
ca. 30 Minuten
Garzeit:
30 Minuten

Variante
Wem das lange Schmoren von – nicht immer erhältlichen – Tintenfischen zu aufwendig ist, der kocht die Currysauce einfach ohne Sepia und lässt am Schluss stattdessen ein paar Lachswürfel 5 Minuten in der Sauce ziehen.

Info

Cuttlefish und der ihm nahe verwandte Squid sind größere Tintenfische, ähnlich wie die Seplen aus dem Mittelmeer. Hier wird der Cuttlefish mit viel Gewürz und den kleinen, in Australien sehr beliebten Patisson-Kürbissen, die man samt Schale verspeisen kann, geschmort.

Für Gäste

Prawns on Fried Eggplant

Garnelen auf frittierten Auberginen

Für 4 Portionen

- 5 EL süßer Sherry
- 1 Döschen Safran (0,01 g)
- 500 g vollreife Tomaten
- 1 Zwiebel
- 4 Knoblauchzehen
- 1 rote Chilischote
- 50 g getrocknete Tomaten in Öl
- 1 Rosmarinzweig
- 1 Bund Basilikum
- 1 Lorbeerblatt
- 2 Auberginen (ca. 400 g)
- Salz
- 400 g frische Riesengarnelen (Prawns)
- 500 ml Olivenöl
- Pfeffer

1. Den Sherry mit Safran verrühren. Die Tomaten waschen, putzen und würfeln. Die Zwiebel und 1 Knoblauchzehe schälen und würfeln. Die Chilischote waschen, putzen, entkernen und hacken. Die getrockneten Tomaten hacken. Die Kräuter waschen. Alles bei schwacher Hitze 1 Stunde schmoren, dann 4 Stunden durchziehen lassen.

2. Die Auberginen waschen, putzen und in 1 cm dicke Scheiben schneiden. Mit 1 Teelöffel Salz vermischt in einem Sieb 1 Stunde ziehen lassen. Die Prawns von Kopf und Schalen befreien, die Schwanzspitzen dranlassen. Die Prawns längs bis zur Schwanzspitze aufschneiden, aufklappen, die Därme entfernen. Den restlichen Knoblauch schälen und würfeln.

3. Die Tomatensauce durch ein Sieb streichen, erhitzen, abschmecken und warm halten. Das Öl in einer hohen Pfanne auf 180 °C erhitzen. Die Auberginen abspülen, trockentupfen und im Fett frittieren. Auf Küchenkrepp abfetten und zwischen zwei Tellern warm halten.

4. Bis auf 4 Esslöffel alles Fett aus der Pfanne gießen. Den Knoblauch in der Pfanne anbraten, die Prawns darin unter Rühren 1 bis 2 Minuten kräftig braten. Salzen und pfeffern. Die Tomatensauce auf vorgewärmten Tellern verteilen, die Auberginenscheiben hineinsetzen und die Prawns darauf geben.

Zubereitungszeit:
ca. 30 Minuten
Garzeit:
1 Stunde
Marinierzeit:
4 Stunden

Australien pur

BBQ Tuna
Gegrillter Thunfisch

Für 4 Portionen

- 2 Knoblauchzehen
- Salz
- 1 Stück Ingwer (ca. 4 cm)
- 2 Limetten
- 1 frische rote Chilischote
- 1 EL gehacktes Koriandergrün
- 1 TL Palmzucker (aus dem Asienladen; ersatzweise Rohr- oder brauner Zucker)
- 3 EL Sesamöl
- 3 EL asiatische Fischsauce
- 2 EL Ketjab manis (süße Sojasauce aus Indonesien; ersatzweise helle Sojasauce mit etwas Zucker)
- 100 ml Pflanzenöl
- 4 dicke Thunfischsteaks à 150 g
- 150 g dünne Reisnudeln
- 2 feste, nicht ganz reife Mangos
- 1 rote Paprikaschote
- 2 Frühlingszwiebeln

1. Den Knoblauch schälen, fein hacken, mit Salz bestreuen und mit der Messerklinge zu einer Paste zerreiben. Den Ingwer schälen und fein reiben. 1 Limette heiß waschen und die Schale dünn abreiben, den Saft von beiden Limetten auspressen. Die Chilischote putzen, entkernen und hacken.

2. Alle vorbereiteten Zutaten mit Koriander, Zucker, Sesamöl, Fischsauce und Ketjab manis verrühren. Die Hälfte davon beiseite stellen, den Rest mit Öl verrühren und den Thunfisch darin 3 Stunden im Kühlschrank marinieren.

3. Die Reisnudeln nach Packungsaufschrift garen oder quellen lassen. In ein Sieb gießen und mit 2 Esslöffeln Marinade vermischen.

4. Die Mangos schälen, das Fleisch von den Kernen und in feine Streifen schneiden. Die Paprikaschote waschen, putzen und in feine Streifen schneiden. Die Zwiebeln putzen, längs halbieren, waschen und in Halbringe schneiden. Alles mit der restlichen Marinade vermengen.

5. Den Grill anstellen. Die Thunfischsteaks abtropfen lassen und auf dem Rost auf jeder Seite 1 bis 2 Minuten braten; sie sollten innen noch etwas glasig sein. Die Reisnudeln auf Teller verteilen, den Salat darauf setzen und den Thunfisch darauf anrichten.

Zubereitungszeit:
ca. 45 Minuten
Marinierzeit:
3 Stunden

Tipp

Frischer Thunfisch ist eine typisch australische Delikatesse, und seine Klasse kommt besonders beim Grillen zur Geltung – wenn Sie darauf achten, dass er nicht ganz durchgebraten wird. Fans des Barbecues schwören auf ein höchstens medium-rare gebratenes Thunfischsteak. Besonders der, der Sushi mag, wird so etwas zu schätzen wissen.

Klassiker

Fish 'n' Chips
Fisch und Kartoffeln frittiert

Für 4 Portionen

- 170 g Mehl
- 1 TL Backpulver
- Salz
- 1 Ei
- 600 g fest kochende Kartoffeln
- Fett zum Frittieren
- 4 Fischfilets à 150 g
- Mehl zum Wenden
- 4 Zitronenspalten

1. Das Mehl mit Backpulver und ½ Teelöffel Salz mischen. Das Ei trennen und ¼ Liter Wasser mit dem Eigelb verrühren, dies mit der Mehlmischung verrühren und 15 Minuten quellen lassen.

2. Die Kartoffeln waschen, schälen und in 1 cm dicke Stifte schneiden. Das Fett auf 150 °C erhitzen. Die Kartoffeln portionsweise im Fett vorfrittieren, bis sie leicht bräunen. Herausnehmen und auf Küchenkrepp abfetten. Das Fett auf 180 °C erhitzen.

3. Den Backofen auf 150 °C (Umluft 120 °C, Gas Stufe 1) vorheizen. Das Eiweiß mit 1 Prise Salz steif schlagen, unter den Teig ziehen. Den Fisch salzen, im Mehl wenden und durch den Teig ziehen. Die Filets abtropfen lassen und im heißen Fett goldgelb frittieren. Im Ofen warm stellen.

4. Die Chips im Fett knusprig frittieren. Den Fisch mit den Chips und den Zitronenspalten zum Darüberträufeln servieren.

Zubereitungszeit:
ca. 45 Minuten

Serviertipps
Bringen Sie den Fisch sowie die Chips möglichst frisch auf den Tisch. Um das zu gewährleisten, sollten Sie am besten mit zwei Fritteusen oder Töpfen arbeiten.

Ganz stilecht wird zu Fish 'n' Chips noch eine Flasche Malzessig zum Säuern serviert.

Info

Fish 'n' Chips sind vielleicht das Beste, was die englische Küche erfunden hat, und nirgends schmecken sie besser als in Australien, denn hier werden statt schlichtem Kabeljau so delikate Südseefische wie Bream, Snapper oder Whiting verwendet.

Tipp

Dazu schmeckt Tatarsauce: 100 Gramm Mayonnaise, 50 Gramm Joghurt und 1 Teelöffel Dijon-Senf verrühren. 1 Teelöffel Kapern und 4 Gewürzgurken hacken, 1 Bund Schnittlauch waschen und in Röllchen schneiden. In die Sauce rühren, salzen und pfeffern.

Originell

Swordfish with Orange Couscous

Schwertfisch mit Orangen-Couscous

Für 4 Portionen

Für den Fisch

- 1 Bund Koriandergrün
- 1 Bund glatte Petersilie
- 2 Knoblauchzehen
- 2 kleine rote Chilischoten
- 2 TL Kreuzkümmel
- 2 TL Paprikapulver
- etwa ⅛ l Olivenöl
- 100 ml Zitronensaft
- 4 dicke Schwertfischsteaks à 200 g

Für den Couscous

- 1 Zwiebel
- 1 Knoblauchzehe
- 4–5 unbehandelte Orangen
- 4 EL Olivenöl
- 1 TL Salz
- 400 g Instant-Couscous (afrikanischer grober Grieß)

1. Die Kräuter waschen und trockenschütteln, die Blätter abzupfen und hacken. Den Knoblauch schälen, die Chilischoten aufschlitzen und entkernen. Alles mit Gewürzen, Öl und Zitronensaft im Mixer pürieren. In eine Schale gießen, den Fisch darin zugedeckt 8 Stunden durchziehen lassen, dabei öfter wenden.

2. Die Zwiebel und den Knoblauch schälen und würfeln. 1 Orange heiß waschen. Die Schale dünn abreiben und in einem Sieb mit kochendem Wasser überbrühen. Die übrigen Früchte auspressen, es sollte etwa ¼ Liter Saft ergeben.

3. Die Zwiebel und den Knoblauch im Öl glasig braten. Mit Orangensaft und -schale, ¼ Liter Wasser und Salz aufkochen. Den Couscous einrühren, aufkochen und neben der Kochstelle 3 Minuten quellen lassen. Weitere 3 Minuten kochen lassen und zugedeckt beiseite stellen.

4. Den Fisch abtropfen lassen. 2 Esslöffel Öl erhitzen und den Fisch auf jeder Seite 1 bis 2 Minuten braten – er sollte innen noch etwas glasig sein. Mit dem Couscous servieren.

Zubereitungszeit:
ca. 40 Minuten
Marinierzeit:
8 Stunden

Info

Vor allem den Einwanderern aus dem Libanon ist es zu verdanken, dass auch der Orient eine Rolle in Australiens Küche spielt. Kichererbsen- oder Auberginenmus und Sesampaste gibt es in vielen Supermärkten, ebenso den hier verwendeten Couscousgrieß.

Klassiker

Blackened Salmon with Asparagus

Schwarz gegrillter Lachs mit Spargel

Für 4 Portionen

Für den Lachs
- 4 Lachsfilets mit Haut à 200 g
- 1 TL getrockneter Thymian
- 1 TL getrockneter Oregano
- 1 TL Paprikapulver
- ½ TL schwarzer Pfeffer
- ¼ TL Cayennepfeffer
- 1 TL Knoblauchsalz (ersatzweise je ½ TL Knoblauchpulver und Salz)
- 1 EL Mehl
- 4 EL Butter
- 1 EL Öl

Für den Spargel
- 500 g grüner Spargel
- ½ unbehandelte Zitrone
- ½ unbehandelte Orange
- 2 Stück brauner Würfelzucker
- 1 EL Öl
- 1 EL Butter
- Salz
- schwarzer Pfeffer

1. Den Lachs 45 Minuten vor der Zubereitung aus dem Kühlschrank nehmen. Die Kräuter ganz fein hacken oder im Mörser zerstoßen. Mit den Gewürzen und dem Mehl vermischen. Die Butter zerlassen, etwas abkühlen lassen und die Lachsstücke damit bestreichen.

2. Den Spargel waschen, trockentupfen und putzen. Die Stangen in 4 cm lange Stücke schneiden, dickere zuvor längs halbieren. Die Zitrone und die Orange heiß abwaschen, trockentupfen und die Schale jeweils mit 1 Würfelzucker abreiben. Die Früchte auspressen.

3. Die Würzmischung auf die Oberseite des Lachs geben und festdrücken. Den Wok stark erhitzen, mit dem Öl ausstreichen und den Lachs auf der Würzseite in 1 Minute dunkel braten. Wenden und bei schwächerer Hitze auf der Hautseite in 2 bis 3 Minuten fertig braten, so dass er innen noch glasig ist. Warm stellen.

4. 1 Esslöffel Öl im Wok stark erhitzen und den Spargel darin unter Rühren 1 Minute anbraten. Butter und Würfelzucker zugeben und karamellisieren lassen, dann mit Zitronen- und Orangensaft ablöschen. In 3 bis 4 Minuten fertig garen, mit Salz und Pfeffer würzen. Die Butter einrühren und den Spargel zum Lachs servieren.

Zubereitungszeit:
ca. 30 Minuten

Info

Hier wird der Lachs mit einer dunklen Gewürzmischung paniert und bei starker Hitze »schwarz gebraten« – ein Rezept aus dem amerikanischen Süden, das aber für den Wok wie gemacht ist.

Raffiniert

Peppered Fish with Mashed Eggplant

Pfefferfisch mit Auberginenpüree

Für 4 Portionen

Für das Auberginenpüree
- 2 Auberginen (ca. 400 g)
- 100 ml Olivenöl
- 4 Knoblauchzehen
- 2 TL Sesamöl
- 2 EL Limettensaft
- Salz
- Pfeffer
- 1 EL Sesamsamen

Für den Fisch
- 100 g Polentagrieß
- 1 TL Steakpfeffer (zerstoßene bunte Pfefferkörner)
- ½ TL Salz
- 4 weiße Fischfilets à 150 g (z. B. Snapper)
- 4 EL Olivenöl
- 2 Limetten

1. Den Backofen auf 225 °C (Umluft 200 °C, Gas Stufe 4) vorheizen. Die Auberginen waschen, trockentupfen und mit etwas Öl bestreichen. Mit den ungeschälten Knoblauchzehen im heißen Ofen (Mitte) in etwa 30 Minuten weich garen und abkühlen lassen.

2. Die Auberginen halbieren und das Fruchtfleisch aus der Schale löffeln. Den Knoblauch schälen und mit dem Auberginenfleisch, dem restlichen Öl, dem Sesamöl und dem Limettensaft im Mixer pürieren. Salzen, pfeffern und den Sesam unterrühren.

3. Die Polenta mit Steakpfeffer und Salz vermengen. Den Fisch darin wenden und die Panade leicht andrücken. Das Öl erhitzen und die Filets darin auf jeder Seite 1 bis 2 Minuten braten.

4. Den Pfefferfisch mit dem Auberginenpüree und den in Spalten geschnittenen Limetten zum Darüberträufeln anrichten.

Zubereitungszeit:
ca. 1 Stunde 15 Minuten

Varianten
Für das Rezept eignen sich alle Fische, deren Fleisch beim Garen fest bleibt, wie Snapper, Bream oder auch Kabeljau oder Rotbarsch.

Das Auberginenpüree ist auch ein leckerer Dip zu Brot oder rohem Gemüse.

Serviertipp
Häufen Sie ein wenig Auberginenpüree auf die Tellermitte, toppen Sie das Ganze mit dem Fischfilet und geben Sie dann noch ein paar frisch frittierte Auberginenwürfel darüber – very Australian!

Tipp

Ein einfacher Trick, der optisch wie geschmacklich viel bewirkt: Der Fisch wird statt in Mehl in einer Mischung aus Polentagrieß und Pfeffer gewendet und dann knusprig gebraten.

Gut vorzubereiten

Trouts in Cabernet Sauvignon

Forellen in Cabernet Sauvignon

Für 4 Portionen

- 1 Fenchelknolle (ca. 200 g)
- 1 rote Paprikaschote (ca. 200 g)
- 4 Frühlingszwiebeln
- ¼ TL Fenchelsamen
- 1 EL Olivenöl
- 2 TL Mehl
- ¼ l Fischfond (aus dem Glas)
- Salz
- Pfeffer
- 2 EL gehackte Petersilie
- 1 TL getrockneter Thymian
- 4 küchenfertige Forellen à 300 g
- ¼ l junger australischer Cabernet Sauvignon

1. Das Gemüse waschen, trockentupfen und putzen. Den Fenchel und die Paprikaschote würfeln, die Zwiebeln in Stücke schneiden. Alles mit den Fenchelsamen im Öl in 5 Minuten bissfest braten. Das Mehl darüber stäuben und kurz mitbraten. Den Fischfond angießen und aufkochen lassen. Salzen, pfeffern, Petersilie und Thymian darunter mischen.

2. Den Backofen auf 180 °C (Umluft 160 °C, Gas Stufe 2–3) vorheizen. Eine große Form mit dem Gemüse füllen. Die Forellen innen und außen salzen und auf das Gemüse setzen. Den Wein darüber gießen. Die Form mit einem Deckel luftdicht verschließen.

3. Die Forellen im Ofen (Mitte) 20 Minuten garen. Aus der Form nehmen, das Gemüse in einen Topf geben und die Forellen im ausgeschalteten Ofen warm halten. Das Gemüse noch etwas einkochen lassen, abschmecken und mit den Forellen servieren.

Zubereitungszeit:
ca. 45 Minuten
Garzeit:
20 Minuten

Serviertipp

Dazu schmecken Salzkartoffeln oder Kartoffelpüree.

Info

In den klimatisch gemäßigten Zonen des Landesinneren werden sogar Forellen gefischt. Die Forellen in Cabernet Sauvignon erinnern an die klassische französische Bistro-Küche, der Fisch in Rotwein nicht fremd ist. Der Cabernet Sauvignon ist neben dem heimischen Shiraz der Vorzeigewein unter den roten Weinen Australiens. Probieren Sie ihn mal zur Forelle – wenn er jung und gut ist, ergibt das eine wunderbare Kombination.

Für Gäste

Fried Snapper
Frittierter Snapper

Für 4 Portionen

- 4 kleine küchenfertige Snapper à 300 g
- 2 Knoblauchzehen
- 1 Bund Petersilie
- 100 g Mehl
- ¼ TL Salz
- ¼ TL Zitronenpfeffer
- 100 ml Olivenöl
- 2 EL Aceto balsamico

1. Die Fische abwaschen und trockentupfen. Auf beiden Seiten schräg jeweils dreimal leicht einschneiden, dann diagonal ebenfalls dreimal einschneiden, so dass ein Rautenmuster entsteht.

2. Den Knoblauch schälen und in dünne Scheiben hobeln. Die Petersilie waschen und trockenschütteln, die Blätter abzupfen und hacken.

3. Das Mehl mit Salz und Zitronenpfeffer in einem großen Gefrierbeutel vermischen. Jeweils 1 Snapper hineingeben, die Tüte verschließen und gut schütteln. Dadurch werden die Fische gleichmäßig mit der Mehlmischung überzogen.

4. Den Backofen auf 100 °C (Umluft 100 °C, Gas Stufe 1) vorheizen. Jeweils etwas Öl im Wok oder in einer Pfanne erhitzen, bis es zischt. Nacheinander die Snapper einlegen, je Seite 2 bis 3 Minuten frittieren und im Ofen (Mitte) warm halten.

5. Die Hälfte des Öls aus dem Wok oder der Pfanne gießen, den Knoblauch im verbliebenen Öl 1 Minute frittieren und die Petersilie kurz mitgaren. Den Essig einrühren und die Mischung über den Fisch gießen. Sofort servieren.

Zubereitungszeit:
ca. 45 Minuten

Variante
Wenn Sie es noch würziger mögen, können Sie mit dem Knoblauch am Schluss noch etwas frischen Ingwer in dünnen Scheiben sowie eine klein gehackte Chilischote mitgaren und statt Petersilie Koriander verwenden.

Info

Der beliebteste Fisch zum Garen im Ganzen ist in Australien der Snapper. Er lässt sich wunderbar im Bastkorb dämpfen oder wie hier im Wok frittieren. Das diagonale Einschneiden – der »diamond cut« – ist wichtig, damit der Fisch schnell und gleichmäßig gart.

Kookaburra
CHARDONNAY
KOOKABURRA
1998

Meat & More

Gut vorzubereiten

Lamb Loin with Shiraz Tomato Sauce

Lammrücken mit Shiraz-Tomaten-Sauce

Für 4 Portionen

Für das Lamm
- 800 g Lammkarree
- 1 Knoblauchzehe
- Salz
- ½ TL Kreuzkümmel
- 1 EL gehackte Petersilie
- 1 EL gehackte Minze
- 1 TL Currypulver
- 1 TL Paprikapulver
- Cayennepfeffer
- 5 EL Olivenöl
- 500 g Kirschtomaten
- 4 Scheiben geräucherter Schinken
- 1 rote Zwiebel
- 200 ml Shiraz (australischer Rotwein; ersatzweise Rioja oder Chianti)
- 1 Zweig frischer Rosmarin
- 1 Lorbeerblatt
- Pfeffer
- Zucker
- 4 TL eiskalte Butter

Für das Püree
- 500 g vorwiegend fest kochende Kartoffeln
- 5 Knoblauchzehen
- Salz
- 50 ml Milch
- 100 ml Olivenöl
- 1 TL Limettensaft

Bild Seite 62/63

1. Die Knochen des Lammkarrees sauber schaben. Den Knoblauch schälen und hacken, mit Salz bestreuen und mit der Messerklinge zerreiben. Den Kümmel hacken und mit Knoblauch, gehackten Kräutern, Gewürzen und 2 Esslöffeln Öl verrühren. Das Fleisch damit einreiben, 1 Stunde stehen lassen.

2. Inzwischen die Tomaten waschen, den Schinken in Streifen schneiden, die Zwiebel schälen und würfeln. Den Schinkenstreifen und die Zwiebelwürfel in 1 Esslöffel Öl anbraten. 350 Gramm Tomaten zugeben, mit Wein, Rosmarin und Lorbeer 1 Stunde kochen. Durch ein Sieb streichen, mit Salz, Pfeffer und Zucker würzen.

3. Die Kartoffeln und den Knoblauch schälen, vierteln und in Salzwasser in 10 bis 15 Minuten weich kochen. Die Milch erhitzen. Die Kartoffeln und den Knoblauch abgießen, stampfen und mit der Milch verrühren. Bei schwacher Hitze nach und nach das Öl unterschlagen. Mit Salz und Limettensaft würzen.

4. Den Backofen auf 200 °C (Umluft 180 °C, Gas Stufe 3–4) vorheizen. Restliches Öl in einer Pfanne erhitzen und das Fleisch darin anbraten. Die übrigen Tomaten zugeben und das Fleisch im Ofen (Mitte) in 10 bis 15 Minuten blutig bis rosa garen. 5 Minuten im geöffneten ausgeschalteten Ofen ruhen lassen.

5. Die Sauce erhitzen und nach und nach die Butter mit dem Schneebesen unterschlagen. Das Lamm aufschneiden. Das Püree auf Teller setzen, das Lamm darauf anrichten und mit der Sauce umgießen. Mit den Kirschtomaten anrichten.

Zubereitungszeit:
ca. 2 Stunden
Garzeit:
10–15 Minuten

Info

Lammkarree nennt man das Rückenfilet am Knochen ohne dicke Fettschicht.

Für Gäste

Australian Kebab
Australische Spieße

Für 4 Portionen

Für die Marinade
- 2 Knoblauchzehen
- ½ unbehandelte Limette
- 1 rote Chilischote
- ½ TL grober Steakpfeffer
- 1 EL gehackte Petersilie
- 8 EL Olivenöl

Außerdem
- 2 Maiskolben
- Salz
- Zucker
- 1 EL Butter
- 1 rote Paprikaschote
- 1–2 Zucchini
- 8 Grillzwiebeln
- 400 g Lammfleisch aus der Keule
- 4 Grillspieße

1. Den Knoblauch abziehen und fein würfeln. Die Limette heiß abwaschen und die Schale dünn abreiben, den Saft auspressen. Die Chilischote putzen, entkernen und klein würfeln. Knoblauchwürfel, abgeriebene Limettenschale, Chiliwürfel, Steakpfeffer und gehackte Petersilie mit dem Öl verrühren.

2. Die Maiskolben aus den Blättern lösen, die Fäden entfernen und die Stiele abschneiden. Die Kolben in Salzwasser mit 1 Prise Zucker und der Butter in 15 bis 25 Minuten bissfest garen. Den Mais abkühlen lassen und in 1 bis 2 cm dicke Scheiben schneiden.

3. Die Paprikaschote waschen, putzen und in mundgerechte Stücke schneiden. Die Zucchini waschen und in 1 bis 2 cm dicke Scheiben schneiden. Die Zwiebeln abziehen.

4. Das Fleisch in 3 bis 4 cm große Stücke schneiden und samt den Gemüsen mit der Marinade vermischen. Alles 1 Stunde bei Zimmertemperatur durchziehen lassen.

5. Die Fleisch- und Gemüsestücke trockentupfen und abwechselnd auf Grillspieße stecken. Den Grill anheizen, die gesalzenen Spieße darauf auf jeder Seite kurz stark angrillen. Bei schwächerer Hitze in 3 bis 4 Minuten fertig garen. 5 Minuten ruhen lassen und servieren.

Zubereitungszeit:
ca. 1 Stunde
Marinierzeit:
1 Stunde

Varianten

Statt des Lammfleisches können Sie auch Rinderhüfte verwenden.

Wenn Sie keine Grillzwiebeln bekommen, nehmen Sie geviertelte Haushaltszwiebeln.

Auch Kürbisstücke, Kirschtomaten oder die Knollen von Frühlingszwiebeln passen gut auf diese Spieße.

Tipp

Wichtig: Kein Salz in die Marinade geben, denn das macht das Fleisch fest und entzieht ihm Flüssigkeit.

Preiswert

BBQ Drumsticks
Gegrillte Hähnchenschenkel

Für 4 Portionen

- 8 Hähnchenunterkeulen (oder 4 ganze Hähnchenkeulen, siehe Tipp)
- 100 g Erdnusskerne
- 200 ml ungesüßte Kokosmilch
- 2 EL Limettensaft
- 2 EL dunkle Sojasauce
- 1 EL Honig
- 5 EL Barbecuesauce
- 1 EL Currypulver
- 1 EL Speisestärke

1. Die Hähnchenteile kalt abspülen und trockentupfen. Die Erdnusskerne grob hacken. Alle übrigen Zutaten miteinander verrühren und die Erdnüsse zugeben.

2. Die Hähnchenteile mit der Marinade vermischen und zugedeckt über Nacht in den Kühlschrank stellen. Sie sollten mindestens 12 Stunden durchziehen.

3. Den Backofen auf 220 °C (Umluft 200 °C, Gas Stufe 4–5) vorheizen, auf der mittleren Schiene den Grillrost mit einer Fettpfanne einschieben. Die Hähnchenteile abtropfen lassen.

4. Die Hähnchenteile auf den Rost legen und 15 Minuten garen, dabei einmal wenden und öfter mit der Marinade bestreichen. Dann die Hitze auf 250 °C (Umluft 220 °C, Gas Stufe 6) erhöhen und die Hähnchenteile noch 5 Minuten grillen.

Zubereitungszeit:
ca. 30 Minuten
Marinierzeit:
über Nacht

Serviertipp
Dazu schmecken Spicy Wedges (Rezept Seite 30) oder einfach nur Weißbrot und ein bunter Salat mit einer Essig-Öl-Sauce.

Info

Die oft auf asiatische Art marinierten »Drumsticks« – Unterkeulen vom Hähnchen – sind ein Muss beim australischen Barbecue. Aber auch im Ofen gelingen sie perfekt und schmecken wunderbar zart und würzig.

Tipp

Für die Drumsticks werden normalerweise Hähnchenunterkeulen verwendet. Bekommen Sie nur ganze Keulen, schneiden Sie diese im Gelenk durch (die Keule bewegen und mit den Fingern fühlen, wo das Gelenk sitzt). Die Oberkeulen können Sie für Ragouts verwenden oder auch grillen – das Fleisch dazu etwas einschneiden.

Exotisch

Char-Grilled Emu with Macadamia Dip

Gegrillte Emuspieße mit Macadamia-Dip

Für 4 Portionen

Für den Dip
- 2 Knoblauchzehen
- 1 Stück Ingwer (ca. 1 cm)
- 1 Stück Zitronengras (ca. 2 cm)
- 100 g Macadamianusskerne
- 3 EL Sojasauce
- 1 TL Rohrzucker (aus dem Asienladen; ersatzweise brauner Zucker)
- 400 ml ungesüßte Kokosmilch
- Salz

Für die Spieße
- 600 g Emu-Brustfilet
- 1 Stange Lauch
- Salz
- 200 ml japanische Sojasauce
- 100 ml Brandy (ersatzweise Weinbrand)
- 3 EL Öl
- 4 EL Hühnerbrühe
- 1 Scheibe unbehandelte Orange
- 1 EL Rohrzucker (ersatzweise brauner Zucker)
- 15 cm lange Schaschlikspieße

1. Knoblauch und Ingwer schälen, Zitronengras von trockenen Außenblättern befreien. Knoblauch, Ingwer und Zitronengras grob hacken und mit den übrigen Zutaten im Mixer pürieren.

2. Das Fleisch in dünne Schnitzel und diese in 10 cm lange, 2 cm breite Streifen schneiden. Den Lauch putzen, passend zu den Fleischstreifen zuschneiden, waschen und trockentupfen. Den Lauch in Salzwasser 30 Sekunden kochen und in Eiswasser abschrecken. Die Fleischstreifen auf die Lauchstreifen legen, ziehharmonikaartig auf die Spieße stecken.

3. Den Grill anheizen oder den Ofengrill anstellen und auf die oberste Schiene einen Rost mit Blech darunter schieben. Alle übrigen Zutaten in einen Topf geben und zur Hälfte einkochen lassen, dann die Orange herausnehmen.

4. Die Spieße auf jeder Seite 30 Sekunden grillen, dann in 5 Minuten fertig grillen, dabei immer wieder mit Marinade bestreichen und wenden. Mit dem Dip servieren.

Zubereitungszeit:
ca. 45 Minuten

Info

Der Emu ist neben dem Känguru das zweite »tierisch australische« Original, das sehr gutes und gesundes Fleisch liefert. Gegrillt schmeckt es besonders köstlich und verbindet sich dabei erstaunlich gut mit asiatischen Aromen.

Tipp

Weil die Spieße bei diesem Rezept in kurzer Zeit oft gewendet und immer wieder mit Marinade bestrichen werden, geht das am besten auf dem Barbecue-Grill – ganz Fleißige können sie aber auch ohne weiteres im Ofen grillen.

Klassiker

Big Barbie Steaks

Riesen-Grillsteaks

Für 4 Portionen

- 150 ml Rotwein
- 2 EL Öl
- 2 EL Zitronensaft
- 1 EL körniger Senf
- 2 TL getrockneter Thymian
- 1 EL brauner Zucker
- ½ TL geschroteter Pfeffer
- 4 dicke Steaks aus der Hochrippe à 300 g
- Salz

1. Rotwein, Öl, Zitronensaft, Senf, Thymian, Zucker und Pfeffer verrühren. Die Steaks in einen flachen Behälter mit Deckel geben und mit der Marinade übergießen. Verschlossen im Kühlschrank 8 Stunden durchziehen lassen, dabei öfter wenden.

2. Die Steaks aus der Marinade nehmen, trockentupfen und 1 Stunde bei Zimmertemperatur stehen lassen. Den Grill anheizen. Das Fleisch salzen und auf dem heißen Grill auf jeder Seite 1 Minute anbraten.

3. Die Steaks vom Grill nehmen und 2 bis 3 Minuten direkt daneben oder auf einem Gitter darüber ruhen lassen. Je nach Wunsch in 4 (»rare«, blutig) bis 10 Minuten (»well done«, durchgebraten) unter Wenden an einer nicht sehr heißen Stelle des Grills fertig braten. Nochmals 2 bis 3 Minuten ruhen lassen.

Zubereitungszeit:
ca. 15 Minuten
Marinier- und Ruhezeit:
9 Stunden

Variante
Sie können dafür auch fetteres Roastbeef oder T-Bone-Steaks verwenden.

Serviertipp
Servieren Sie die Steaks mit etwas Gemüse, das Sie gut mitgrillen können: Kürbis- und Zucchinischeiben, vorgegarte Maiskolben, Kirschtomaten oder Paprikastücke eignen sich sehr gut dafür, ebenso Frühlingszwiebeln oder Zwiebelringe.

Info

Hier werden keine Püppchen verbraten. Australier lieben Abkürzungen, und »Barbie« steht wie auch »BBQ« für Barbecue.

Tipp

Erst durch das Ruhen nach dem scharfen Anbraten sowie nach dem Fertiggaren können sich die Fasern des Fleischs richtig entspannen und Säfte gut verteilen, so dass es zart bleibt.

Raffiniert

Italian Stir Fry
Pfannengerührtes auf italienische Art

Für 4 Portionen

- 300 g Roastbeef
- 2 EL Aceto balsamico
- 2 EL Marsala oder anderer Süßwein
- 4 EL passiertes Tomatenpüree (Fertigprodukt)
- ½ Brühwürfel
- 1 TL Speisestärke
- 1 Knoblauchzehe
- 1 rote Zwiebel
- 1 Stange Lauch
- 1 rote Chilischote
- 1 Bund Basilikum
- 4 EL Olivenöl
- 4 EL Orangensaft

1. Das Fleisch in 1 cm breite Streifen schneiden. Essig, Süßwein und Tomatenpüree langsam erhitzen und den Brühwürfel darin auflösen. Abkühlen lassen und mit der Speisestärke verrühren. Das Fleisch damit vermengen und 2 Stunden durchziehen lassen.

2. Den Knoblauch und die Zwiebel schälen und würfeln. Den Lauch putzen, längs halbieren, waschen und trockentupfen. Die Lauchhälften quer in Streifen schneiden.

3. Die Chilischote waschen, putzen, entkernen und in Streifen schneiden. Das Basilikum waschen und trockentupfen, die Blätter abzupfen und hacken.

4. Das Fleisch aus der Marinade nehmen und trockentupfen. 2 Esslöffel Öl im Wok oder in einer großen Pfanne erhitzen und das Fleisch darin unter Rühren 30 Sekunden braten, so dass es eben Farbe bekommt. In ein Sieb mit einer Schüssel darunter schütten.

5. Das restliche Öl erhitzen und Knoblauch, Zwiebel und Lauch darin unter Rühren 1 Minute braten. Die Marinade, den Fleischsaft und den Orangensaft zugießen und das Lauchgemüse in 1 bis 2 Minuten bissfest schmoren. Das Fleisch und das Basilikum darin ohne zu kochen erwärmen und sofort servieren.

Zubereitungszeit:
ca. 30 Minuten
Marinierzeit:
2 Stunden

Serviertipp
Zu dieser mediterranen Version des asiatischen Wok-Klassikers schmeckt am besten Reis, zum Beispiel frisch gegarter Basmatireis oder einfach chinesischer Duftreis. Wer mag, kann diesen auch gleich in das Stir Fry rühren.

Preiswert

Stir-Fried Omelette
Wok-Omelett mit Schweinefleisch

Für 4 Portionen

Für die Füllung
- 1 Knoblauchzehe
- 1 Zwiebel
- 50 g Korianderwurzeln (ersatzweise Petersilienwurzeln)
- 1 grüne Paprikaschote
- 4 geschälte Tomaten (aus der Dose)
- 100 g frische Sojabohnensprossen
- 1 EL Öl
- 250 g Schweinehackfleisch
- Salz
- Pfeffer
- 2 EL Austernsauce
- 1 TL Zitronensaft
- 1 EL gehacktes Koriandergrün
- 1 TL Zucker

Für das Omelett
- 5 Eier
- 1 EL Fischfond
- 1 TL Zucker
- 1 EL Öl
- Austernsauce

1. Knoblauch, Zwiebel und Wurzeln schälen und würfeln. Die Paprikaschote waschen, putzen und in feine Würfel schneiden. Die Tomaten abtropfen lassen und würfeln. Die Sprossen kalt abspülen und abtropfen lassen.

2. Das Öl im Wok erhitzen, Knoblauch, Zwiebel und Wurzeln darin 1 Minute braten. Die Paprika zugeben und 1 Minute braten, dann darin das Fleisch 2 bis 3 Minuten braten. Die übrigen Zutaten für die Füllung zugeben und 5 Minuten schmoren. Zugedeckt beiseite stellen.

3. Die Eier, den Fischfond und den Zucker mit dem Schneebesen schaumig schlagen. Den Wok stark erhitzen und das Öl darin schwenken. Die Eier darin unter Rühren verteilen, bis sie zu zwei Dritteln den Wok bedecken. Das Omelett sollte an der Unterseite leicht gebräunt, oben aber noch flüssig sein. Das dauert etwa 2 Minuten.

4. Die Füllung in die Mitte des Omeletts geben und die Ränder darüber schlagen, so dass ein rechteckiges Päckchen entsteht. 1 bis 2 Minuten an der Unterseite bräunen, wenden, 1 Minute braten und zugedeckt 2 Minuten stehen lassen. In Scheiben schneiden und mit der Austernsauce servieren.

Zubereitungszeit:
ca. 45 Minuten

Info

Das Omelett haben die Franzosen erfunden? Offenbar waren auch da die Asiaten schneller, wie dieses alte chinesische, in Australien populäre Rezept zeigt. Die Eier werden im heißen Wok schnell und heiß gebacken, damit das Omelett außen knusprig und innen weich ist. Dabei ist wichtig, dass der Wok groß genug ist und sich gut erhitzen lässt. Am Ende wird das gefüllte Omelett wie ein großer Braten aufgeschnitten und serviert.

Originell

Coq au Sake

Geschmortes Hähnchen mit Sake

Für 4 Portionen

Für die Marinade
- 1 Stück Ingwer (ca. 4 cm)
- 1 Stück Zitronengras (ca. 5 cm)
- 4 EL Limettensaft
- 4 EL Öl
- ⅛ l süße Chilisauce
- ½ TL brauner Zucker
- ¼ l Sake

Außerdem
- 1 Hähnchen (ca. 1,3 kg)
- 4 Frühlingszwiebeln
- 200 g Shiitake-Pilze
- 2 kleine Bok choi (ersatzweise 8 Mangoldblätter ohne Stiel)
- Salz
- Pfeffer
- 2 EL Mehl
- 2 EL Öl
- ¼ l Geflügelfond (aus dem Glas)

1. Den Ingwer schälen und raspeln. Das Zitronengras von der äußeren Schale befreien, mit Händen klopfen und in Ringe schneiden. Alle Marinadezutaten verrühren. Das Hähnchen vierteln, Schwanzstück und freiliegende Knochen beiseite legen. Flügel abschneiden, Brüste quer halbieren, Keulen im Gelenk trennen. Alle Stücke samt Abschnitten in der Marinade über Nacht im Kühlschrank ziehen lassen.

2. Die Zwiebeln putzen, waschen und in Stücke schneiden. Die Pilze mit Küchenkrepp abwischen, von den Stielen befreien und vierteln. Die Bok choi waschen, vierteln und den Strunk herausschneiden.

3. Den Backofen auf 175 °C (Umluft 160 °C, Gas Stufe 2) vorheizen. Das Hähnchen in einem Sieb abtropfen lassen, die Marinade auffangen. Die Teile trockentupfen, salzen, pfeffern und mit dem Mehl vermischen.

4. Das Öl in einem feuerfesten Topf erhitzen. Das Hähnchen darin in 2 bis 3 Minuten rundum anbraten. Das Gemüse dazugeben und 1 Minute mitbraten. Unter Rühren die Marinade und den Geflügelfond zugeben, langsam aufkochen lassen.

5. Das Coq au Sake im geschlossenen Topf im Ofen (Mitte) 40 bis 45 Minuten garen, herausnehmen und die Knochenteile entfernen. Mit dem Gemüse und der Sauce servieren.

Zubereitungszeit:
ca. 45 Minuten
Marinierzeit:
über Nacht
Garzeit:
40–45 Minuten

Serviertipp
Dazu schmeckt gedämpfter Reis.

Info

Dies ist die asiatisch inspirierte Variante des berühmten Coq au Vin, und wer es ganz exotisch mag, bereitet es nach dem Anbraten in einem chinesischen Claypot (ein innen glasierter Tontopf) zu.

Gut vorzubereiten

Chinatown BBQ Pork

Chinesischer Schweinebraten

Für 4–6 Portionen

- 1 kg Schweinerücken mit Fettrand
- 2 Knoblauchzehen
- 1 TL Salz
- 5 EL dunkle Sojasauce
- 2 EL Hoisinsauce
- 4 EL Reiswein
- 3 EL brauner Zucker
- Fünf-Gewürzepulver (aus dem Asienladen)
- 2 EL Sesamöl
- 4 EL Honig
- 300 ml Pflaumensauce (aus dem Glas)

1. Das Fett am Schweinerücken der Länge nach alle 2 cm etwas einschneiden, ohne ins Fleisch zu schneiden. In den Schweinerücken von der Seite her bis 2 cm vor den Rand eine Tasche schneiden und aufklappen, so dass eine breite, flache Fleischscheibe entsteht.

2. Die Knoblauchzehen schälen und hacken, mit Salz bestreuen, mit der Messerklinge zerreiben und mit Soja- und Hoisinsauce, Reiswein, Zucker und 1 Teelöffel Fünf-Gewürzepulver verrühren.

3. Das Fleisch mit der Marinade einreiben und in einer abgedeckten Schüssel im Kühlschrank 24 Stunden, besser noch 2 bis 3 Tage durchziehen lassen. Dabei gelegentlich wenden.

4. Den Backofen auf 190 °C (Umluft 170 °C, Gas Stufe 3) vorheizen. Auf der mittleren Schiene einen Bratrost mit Backblech darunter einschieben. Das Backblech zur Hälfte mit heißem Wasser füllen.

5. Das Fleisch aus der Marinade nehmen, zu einem Braten aufrollen und mit Küchengarn zubinden. Den Braten auf den Rost legen und 1 Stunde im Ofen garen, dabei alle 10 bis 15 Minuten mit Marinade bepinseln.

6. Den Backofen auf 220 °C (Umluft 200 °C, Gas Stufe 4–5) aufheizen. Sesamöl, Honig und 2 Messerspitzen Fünf-Gewürzepulver verrühren. Den Braten damit bestreichen und im Ofen 10 bis 15 Minuten grillen, so dass er eine glänzende, knusprige Kruste bekommt.

7. Den Braten im ausgeschalteten und nicht ganz geöffneten Backofen 10 Minuten ruhen lassen. Vom Küchengarn befreien, in Scheiben schneiden und mit Pflaumensauce servieren.

Zubereitungszeit:
ca. 30 Minuten
Marinierzeit:
1–3 Tage
Garzeit:
1 Stunde 15 Minuten

Für Gäste

Roast Dinner
Australischer Festtagsbraten

Für 4 Portionen

- 3 Knoblauchzehen
- 1 Zwiebel
- 3 Zweige Rosmarin (oder 3 TL getrockneter gehackter Rosmarin)
- ½ Zitrone
- 2 Lorbeerblätter
- 90 ml Öl
- ¼ l Weißwein
- 1,2 kg Kalbsrücken am Knochen
- 400 g Kürbis
- 150 g Champignons
- 200 g Mangold
- Salz
- Pfeffer
- 150 g gewürfelte Tomaten (Fertigprodukt)
- 1 EL Mehl
- 400 ml Kalbsfond (aus dem Glas)
- 1–2 EL Aceto balsamico

1. Den Knoblauch und die Zwiebel schälen und hacken. Rosmarin waschen, trockenschütteln, Nadeln abstreifen und hacken. Die Zitrone heiß abwaschen, die Schale abreiben und überbrühen, den Saft auspressen. Alles mit Lorbeer, 50 Milliliter Öl und Wein verrühren. Den Kalbsrücken damit übergießen, einreiben und über Nacht ziehen lassen. Öfter wenden und mit Marinade einreiben.

2. Den Backofen mit einem Bräter darin (unterste Schiene) auf 200 °C (Umluft 180 °C, Gas Stufe 3–4) vorheizen. Den Kürbis in Spalten schneiden, entkernen, schälen und würfeln. Die Champignons putzen und vierteln. Den Mangold waschen und trockenschütteln, Stiele und Grün getrennt in Streifen schneiden.

3. Den Kalbsrücken trockentupfen, salzen, pfeffern und im Bräter im restlichen Öl anbraten. Kürbis, Pilze und Mangoldstiele mitbraten, Tomaten zugeben und den Kalbsrücken 50 Minuten garen, dabei gelegentlich mit Sauce übergießen.

4. Das Fleisch aus dem Bräter nehmen und 15 Minuten im ausgeschalteten Ofen ruhen lassen. Die Mangoldblätter in den Bräter geben, das Gemüse mit dem Mehl rösten, die Marinade und den Kalbsfond unter Rühren angießen und 10 Minuten kochen lassen. Das Gemüse leicht stampfen. Mit Salz, Pfeffer und Essig abschmecken und zum Braten servieren.

Zubereitungszeit:
ca. 1 Stunde
Marinierzeit:
über Nacht
Garzeit:
50 Minuten

Info

»Roast Dinner« ist für traditionsbewusste Australier der Inbegriff des Festessens: Ein schwerer Braten wird lange mit Gemüse im Ofen geschmort und mit viel »gravy«, einer dicken, dunklen Sauce, serviert. Die hier vorgestellte mediterrane und damit leichtere Version ist da schon bekömmlicher.

Raffiniert

Kangaroo Spoon Pie

Löffelpastete vom Känguru

Für 4 Portionen

- 800 g Känguru-Rücken
- 1 Zwiebel
- 1 Möhre
- 1–2 Petersilienwurzeln
- 2 Stangen Staudensellerie
- 2 EL Mehl
- 2 EL Öl
- Salz
- Pfeffer
- 400 ml trockener Rotwein (z. B. Shiraz, Cabernet)
- 200 ml dunkler Portwein
- 1 TL Wacholderbeeren
- 1 Lorbeerblatt
- 6 Zweige Thymian
- 1 EL Würzmeerrettich
- 8 Scheiben Frühstücksspeck
- 150 g gewaschene lose Weintrauben
- 300 g tiefgekühlter Blätterteig in Platten
- Mehl zum Ausrollen
- 2 Eigelb

1. Das Fleisch abspülen, trockentupfen und in Würfel schneiden. Zwiebel, Möhre und Petersilienwurzeln schälen und würfeln. Vom Sellerie die Fäden abziehen und diesen ebenfalls würfeln.

2. Das Fleisch mit Mehl einreiben und portionsweise in dem Öl anbraten. Das Gemüse und alles Fleisch zugeben. Die Mischung salzen, pfeffern und mit Rot- und Portwein, Gewürzen, Kräutern und Meerrettich 30 Minuten kochen, etwas abkühlen lassen. Eine Pieform (26 cm Ø) mit Speck auslegen. Die Weintrauben mit dem Ragout mischen und in die Form füllen.

3. Den Backofen auf 200 °C (Umluft 180 °C, Gas Stufe 3–4) vorheizen. Den Blätterteig auftauen, die Platten mit Wasser bestreichen und aufeinanderlegen, die oberste Platte trocknen lassen. Auf bemehlter Fläche den Blätterteig zum Quadrat ausrollen, etwas größer als die Form. Mit der Gabel einstechen und einen Kreis in Größe der Form schneiden. In der Mitte einen Kreis von 3 cm Ø ausschneiden.

4. Die Eigelbe verquirlen und den Rand der Form damit bestreichen. Die Teigplatte auf das Ragout setzen, mit Eigelb bestreichen. Aus den Teigresten Verzierungen formen, aufsetzen und bestreichen. Den Pie im Backofen (Mitte) 30 bis 40 Minuten garen, bis der Deckel goldgelb ist. 5 Minuten ausdampfen lassen.

Zubereitungszeit:
ca. 1 Stunde
Garzeit:
insgesamt ca. 1 Stunde 30 Minuten

Info

Auch wenn man »overseas« anderer Meinung ist – in Australien ist Känguru eine Rarität auf dem Teller. Denn die Tiere gelten dort eher als Landplage denn als Lieferanten einer besonderen Delikatesse. Genau das ist aber ihr dunkles, zartes Fleisch, das an aromatisches Rind- oder milderes Hirschfleisch erinnert. Kängurufleisch bekommen Sie in manchen Feinkostläden oder über den Spezialversandhandel. Sie können es durch Roastbeef vom Rind oder Hirschkeule ersetzen.

Klassiker

Australian Meat Pie

Australische Fleischpastete

Für 4 Portionen

Für die Füllung
- 750 g Rinderhüfte
- 2 Zwiebeln
- 100 g Räucherspeck
- 100 g Champignons
- 1 EL getrocknetes Bohnenkraut
- 2 EL Butter
- 3 EL Mehl
- 200 ml Rinderbrühe
- 200 ml kräftiger Rotwein
- 2 EL gehackte Petersilie
- 1 EL scharfer Senf
- Salz
- Pfeffer

Für den Teig
- 100 ml Milch
- 150 g Butter
- 1 TL Salz
- 500 g Mehl

Außerdem
- Mehl zum Ausrollen
- 8 Pie- oder Auflaufformen (8–10 cm Ø)
- Butter für die Formen
- 2 Eigelb zum Bestreichen

1. Das Fleisch in 1 cm große Würfel schneiden. Die Zwiebeln schälen, Zwiebeln und Speck würfeln. Die Champignons putzen und vierteln.

2. Die Zwiebeln und den Speck mit dem Bohnenkraut in der Butter anbraten. Die Pilze kurz mitbraten, dann das Mehl darin anschwitzen. Unter Rühren die Brühe und den Wein zugießen und aufkochen. 10 Minuten kochen, etwas abkühlen lassen und mit Fleisch, Petersilie und Senf vermischen. Mit Salz und Pfeffer abschmecken.

3. Für den Teig 100 Milliliter Wasser, Milch und Butter mit Salz aufkochen. Die heiße Flüssigkeit zum Mehl gießen und alles zu einem glatten Teig verkneten. Diesen auf Handwärme abkühlen lassen.

4. Zwei Drittel des Teiges auf bemehlter Fläche knapp 5 mm dick ausrollen. Aus der Teigplatte 8 Kreise ausschneiden, deren Durchmesser 2 cm größer als die Formen sind. Die Formen buttern und mit Teig auskleiden. Zu drei Vierteln mit dem Fleisch samt Sauce füllen und den überstehenden Teigrand darüber schlagen.

5. Den Backofen auf 160 °C (Umluft 140 °C, Gas Stufe 1–2) vorheizen. Den restlichen Teig ausrollen und daraus 8 Deckel für die Pies schneiden. Die Eigelbe verquirlen, die Pieränder damit bestreichen, die Deckel darauf setzen und etwas andrücken.

6. Mit einem Ausstecher (ca. 1 cm Ø) aus der Mitte der Deckel je einen kleinen Kreis ausstechen, damit der heiße Dampf abziehen kann. Die Pies mit den Eigelben bestreichen. Aus den Teigresten Verzierungen formen, aufsetzen und bestreichen.

7. Die Pies in den Backofen schieben und in 1 Stunde knusprig garen. Noch 10 Minuten im ausgeschalteten geöffneten Backofen ruhen lassen.

Zubereitungszeit:
ca. 1 Stunde
Garzeit:
1 Stunde

Serviertipp
Dazu schmeckt ein bunter Salat.

Sweet Australia

Klassiker

Passion Fruit Pavlova

Baiser mit Passionsfrüchten

Für 4–6 Portionen

Für das Baiser

- 2 Eiweiß
- 1 kleine Prise Salz
- 1 TL Zitronensaft
- 125 g Zucker
- 1 TL Puderzucker
- 1 TL Speisestärke

Für die Füllung

- 3–4 Passionsfrüchte (je nach Größe)
- 150 g reife Erdbeeren
- 1 Pck. Vanillezucker
- 1 Pck. Sahnesteif
- 250 g Sahne

Bild Seite 80/81

1. Die Eiweiße mit Salz und Zitronensaft anschlagen. Den Zucker einrieseln lassen und schlagen, bis der Eischnee schnittfest und glänzend ist. Puderzucker und Stärke mischen und unterschlagen.

2. Den Backofen auf 120 °C (Umluft nicht geeignet, Gas Stufe ½) vorheizen. Backpapier auf ein Backblech legen und einen Kreis mit 20 cm Ø markieren. Den Eischnee mit angefeuchteter Palette darauf streichen, den Rand dabei etwas hochziehen. Das Baiser im Ofen (Mitte) in 1 bis 1 ¼ Stunden mehr trocknen als backen. Es sollte dabei möglichst weiß bleiben (siehe Tipp). Auf ein Gitter ziehen und auskühlen lassen.

3. Die Passionsfrüchte halbieren und auskratzen. Die Erdbeeren kurz abbrausen und trockentupfen, putzen, vierteln und mit Vanillezucker und Sahnesteif mischen. Die Sahne steif schlagen, dabei die Zuckermischung einrieseln lassen.

4. Die Schlagsahne mit so viel Passionsfruchtfleisch mischen, dass sie noch fest ist. (2 Esslöffel Fruchtfleisch sollten übrig bleiben.) Die Creme in das Baiser füllen, mit den Erdbeeren und dem übrigen Fruchtfleisch garnieren.

Zubereitungszeit:
ca. 45 Minuten
Backzeit:
ca. 1 Stunde 15 Minuten

Info

Diese Leckerei wurde einst zu Ehren einer berühmten russischen Tänzerin kreiert, wobei italienische Bianchini und französische Meringue Pate standen.

Tipp

Nach der Hälfte der Backzeit das Baiser mit Pergamentpapier abdecken, so bleibt das Baiser schön weiß.

Gut vorzubereiten

Lime Tart
Limetten-Tarte

Für 8 Portionen

Für die Füllung
- 9 Eier
- 350 g Zucker
- 150 g Crème fraîche
- 150 g Sahne
- 300 ml Limettensaft

Für den Teig
- 250 g Mehl
- 80 g Zucker
- 100 g kalte Butter
- 5 EL Milch
- 2 Eigelb
- Mehl zum Ausrollen
- Butter für die Form
- Trockenerbsen zum Blindbacken

1. Eier und Zucker verschlagen, bis sich der Zucker löst. Die Crème fraîche und die Sahne nach und nach einrühren. Den Limettensaft einlaufen lassen. Abgedeckt über Nacht kühl stellen.

2. Das Mehl und den Zucker mischen. Die Butter in Stücken darauf verteilen. Schnell zu einem krümeligen Teig verkneten, Milch und Eigelbe unterkneten. Den Teig flach drücken und in Folie 1 Stunde kühlen.

3. Den Backofen auf 175 °C (Umluft 150 °C, Gas Stufe 2) vorheizen. Den Teig auf bemehlter Fläche dünn ausrollen und einen Kreis mit 30 cm Ø ausschneiden. Eine Springform (26 cm Ø) buttern und mit Teig auskleiden. Mit Alufolie belegen und mit den Trockenerbsen bestreuen. Im Ofen (Mitte) 20 Minuten blindbacken. Erbsen und Folie entfernen und die Tarte weitere 10 Minuten backen. Abkühlen lassen. Die Hitze auf 150 °C (Umluft 140 °C, Gas Stufe 1) reduzieren.

4. Die Limettencreme nochmals verrühren, es sollen keine Blasen entstehen. Die Creme in die Tarte füllen und 50 bis 60 Minuten backen. Sie sollte nicht mehr flüssig, aber auch noch nicht ganz fest sein.

5. Die Tarte aus dem Ofen nehmen, abkühlen lassen. Den Formrand entfernen und die Tarte auf ein Gitter schieben. Den Rand wieder darum schließen und die Tarte für 1 Stunde in den Kühlschrank stellen.

Zubereitungszeit:
ca. 30 Minuten
Ruhezeit:
über Nacht plus 2 Stunden
Backzeit:
30 plus 50–60 Minuten

Info

Dieser Dessertkuchen ist inzwischen ein moderner Klassiker in Australiens Cafés. Obwohl die Tarte für sich schon eine Wucht ist, wird sie gerne noch mit einem extra Klecks fetter saurer Sahne serviert. Richtig toll schmeckt ein gut gehäufter Löffel Passionsfruchtmark dazu, das einfach darüber geträufelt wird.

Für Gäste

Dizzy Summer Pudding
Beschwipster Sommerpudding

Für 4 Portionen

- 500 g Himbeeren
- 100 g Puderzucker
- 100 g trockener Sekt
- etwa 12 Scheiben Toastbrot vom Vortag
- 4 Kugeln Vanilleeis

Außerdem
- 4 große Tassen (200 ml Inhalt)

1. Die Himbeeren putzen, dabei möglichst nur mit einem Tuch abreiben. Die Himbeeren in einer Schüssel behutsam mit dem Puderzucker und dem Sekt vermischen. Die Mischung etwa 5 Minuten durchziehen lassen, bis sich der Puderzucker ganz aufgelöst hat.

2. Das Toastbrot entrinden. 4 Scheiben so rund in Form schneiden, dass sie den Boden der Tassen großzügig bedecken. Die übrig bleibenden Brotabschnitte aufheben. Die restlichen Brote in 2 bis 3 cm breite Streifen schneiden. Die Beeren durchmengen und in ein Sieb geben, den Sirup auffangen.

3. Die Toastscheiben für den Boden kurz im Sirup tränken und die Tassen damit auslegen. Die Toaststreifen nach und nach im Sirup tränken und mit den getränkten Toaststreifen die Tassenwände leicht überlappend auskleiden.

4. Die Tassen zur Hälfte mit Beeren füllen und mit einer Lage getränkter Toastabschnitte und -streifen belegen. Mit den restlichen Beeren auffüllen und mit den übrigen getränkten Toaststreifen abschließen. Die Tassen mit Folie umhüllen und leicht beschweren, zum Beispiel mit anderen Tassen, die zur Hälfte mit Wasser gefüllt sind. Über Nacht kühl stellen.

5. Die Folie entfernen, die Puddings stürzen und mit Vanilleeis sowie dem übrigen Sirup anrichten.

Zubereitungszeit:
ca. 30 Minuten
Ruhezeit:
über Nacht

Variante
Sommerpudding ohne Alkohol mit gekochten Früchten: 500 Gramm gemischte süße und säuerliche Beeren mit 100 Gramm Zucker vermischen, kurz stehen lassen und dann einige Minuten sanft kochen, so dass die Beeren noch ganz bleiben. Abkühlen lassen und wie oben zubereiten.

Gut vorzubereiten

Figs in Brandy
Feigen in Brandy

Für 4 Portionen

- 400 g nicht zu stark getrocknete Feigen (siehe Tipp)
- 200 ml Brandy
- 2 unbehandelte Orangen
- 2 unbehandelte Zitronen
- 1 Vanilleschote
- 2 Gewürznelken
- 1 Zimtstange
- 150 ml trockener Rotwein
- 150 g Zucker
- 4 Kugeln Zitronensorbet
- Dessertgebäck nach Belieben (z. B. Amaretti, Cantuccini, Löffelbiskuits, Hippen, Baisers)

1. Die Feigen mit Brandy und 100 Milliliter Wasser übergießen und über Nacht durchziehen lassen.

2. Die Orangen und die Zitronen heiß waschen, die Schale dünn abreiben und in einem Sieb mit kochendem Wasser überbrühen. Die Früchte auspressen. Die Vanilleschote aufschlitzen und das Mark herauskratzen.

3. Die Feigen in ein Sieb geben und den Brandy in einem Topf auffangen. Zitrusschalen und -saft, Vanilleschote, Nelken, Zimtstange, Wein und Zucker darin 20 Minuten kochen lassen. Die Feigen hineingeben und in 45 Minuten weich kochen, im Sud abkühlen lassen.

4. Die Feigen aus dem Sud heben und in tiefen Tellern anrichten. Den Sud durch ein Sieb gießen und etwas davon über die Feigen geben. Je 1 Kugel Sorbet in die Mitte setzen und mit Dessertgebäck servieren.

Zubereitungszeit:
ca. 30 Minuten
Marinierzeit:
über Nacht
Garzeit:
45 Minuten

Tipp

Sie sollten möglichst frisch getrocknete, also noch etwas saftige, nicht zu harte Feigen verwenden. Andere Trockenfrüchte, z. B. Aprikosen, Pflaumen oder Apfelringe, eignen sich auch. Diese Früchte können schon nach kürzerer Garzeit weich sein.

Raffiniert

Paradise Pears with Avocado and Blue Cheese

Paradiesbirnen mit Avocado und Blauschimmelkäse

Für 4 Portionen

- 1 Stück Ingwer (ca. 4 cm)
- 1 Sternanis
- 1 Lorbeerblatt
- 250 g Zucker
- 150 ml Weißwein
- 500 g Paradiesbirnen
- 1 TL Zitronensaft
- 1 Avocado
- 100 g kräftiger Blauschimmelkäse

1. Den Ingwer schälen und in dünne Scheiben hobeln. Ingwer, Anis, Lorbeer und Zucker in dem Wein und ¼ Liter Wasser 5 Minuten kochen lassen.

2. Die Birnen schälen und mit Zitronensaft einreiben. In den Ingwersud geben und 10 Minuten darin kochen, abkühlen lassen.

3. Die Avocado halbieren, entsteinen und schälen. Das Fruchtfleisch würfeln. Den Käse, falls nötig, entrinden, würfeln und mit dem Avocadofruchtfleisch locker vermischen.

4. Die Avocado-Käse-Mischung auf vier Teller verteilen und die Birnen darauf setzen. Den Ingwersud durch ein Sieb gießen und alles damit beträufeln.

Zubereitungszeit:
ca. 45 Minuten

Variante

Statt der Paradiesbirnen können Sie auch nicht zu weiche, aber aromatische europäische Birnen, zum Beispiel Williamsbirnen, verwenden. Diese können wie im Rezept angegeben im Ganzen gegart werden, dann verdoppelt sich allerdings die Garzeit. Vierteln Sie sie, brauchen sie nur so lange wie die Paradiesbirnen.

Serviertipp

Dazu schmeckt Walnussbrot besonders gut.

Info

Paradiesbirnen sind nicht viel größer als Walnüsse und werden in Australien im Spätsommer angeboten. Auf die im Rezept beschriebene Weise eingelegt sind sie eine ungewöhnliche, aber sehr delikate Ergänzung zu dem nicht weniger ungewöhnlichen Duo Avocado und Blauschimmelkäse. Probieren Sie's!

Originell

Sticky Rice with Nectarines

Reisbrei mit Nektarinen

Für 4–6 Portionen

- 100 g Milchreis
- 2 Pandanblätter (ersatzweise etwas Limettenschale)
- 1 Vanilleschote
- 300 ml Milch
- 50 g Palmzucker (aus dem Asienladen; ersatzweise Rohr- oder brauner Zucker)
- 400 g ungesüßte Kokosmilch
- frisch geriebene Muskatnuss
- 2 große, reife Nektarinen
- 4 EL Zucker

1. Den Milchreis in einem Sieb kurz abspülen und abtropfen lassen. Die Pandanblätter waschen und halbieren. Die Vanilleschote aufschlitzen und das Mark herauskratzen. Die Milch mit Vanilleschote samt Mark, Pandanblättern und Palmzucker aufkochen und dann abkühlen lassen. Vanilleschote und Pandanblätter entfernen. Die Milch mit Kokosmilch und Reis vermischen.

2. Den Backofen auf 200 °C (Umluft 180 °C, Gas Stufe 3–4) vorheizen. Eine 1 ½ Liter fassende flache Auflaufform buttern und die Reismischung in die Form füllen. Den Reis für 1 Stunde in den Ofen (oberste Schiene) schieben.

3. Wenn der Reis dick zu werden beginnt, etwas Muskatnuss darüber reiben. Der Reis sollte am Schluss die Flüssigkeit zum größten Teil aufgenommen und eine leichte Kruste gebildet haben.

4. Inzwischen die Nektarinen waschen, abtrocknen, halbieren und entsteinen. Die Nektarinenhälften auf den heißen Reis setzen, mit Zucker bestreuen und etwa 5 Minuten im noch heißen Ofen überbacken, bis der Zucker karamellisiert. Den Sticky Rice sofort servieren.

Zubereitungszeit:
ca. 30 Minuten
Garzeit:
1 Stunde

Info

Wenn die traditionsbewusste australische Hausfrau einen Braten in den Ofen schiebt, kommt oft noch etwas Süßes mit ins Rohr – etwa Creamy Rice: Milchreis, der in der Ofenhitze überkrustet wird. Dieses Rezept ist eine moderne Version davon, inspiriert vom Sticky Rice der Thailänder.

Für Gäste

Sticky Date Pudding
Dattelpudding mit Palmzuckersirup

Für 6 Portionen

Für den Pudding
- 250 g Datteln ohne Stein
- 1 Vanilleschote
- ¼ TL gemahlener Zimt
- 1 ½ TL Backpulver
- 80 g weiche Butter
- 150 g Zucker
- 2 Eier
- 150 g Mehl
- 6 Tassen (150 ml Inhalt)
- Butter für die Formen

Für den Sirup
- 180 g Palmzucker (aus dem Asienladen)
- 1 TL Zitronensaft
- 1 EL Butter

1. Die Datteln nicht zu fein würfeln. Die Vanilleschote aufschlitzen und das Mark herauskratzen, Schote und Mark mit Datteln und Zimt in ¼ Liter Wasser aufkochen. ½ Teelöffel Backpulver einrühren. Abkühlen lassen, die Vanilleschote entfernen.

2. Den Backofen auf 175 °C (Umluft 160 °C, Gas Stufe 2) vorheizen. Die Butter mit dem Zucker schaumig rühren, die Eier nacheinander zugeben und dick schaumig schlagen. Das Mehl und das restliche Backpulver mischen und mit den Datteln unter die Masse mengen.

3. Die Tassen buttern und zu drei Vierteln mit der Dattelmasse füllen. Die Puddings im Ofen (Mitte) 25 bis 30 Minuten backen.

4. Inzwischen den Palmzucker zerbröseln und mit dem Zitronensaft und der Butter in 100 Milliliter Wasser kochen lassen, bis er sich ganz gelöst hat.

5. Die Puddings kurz ausdampfen lassen und auf Teller stürzen. Mit Sirup übergießen und sofort servieren.

Zubereitungszeit:
ca. 30 Minuten
Garzeit:
25–30 Minuten

Serviertipp
Dazu schmeckt geschlagene Sahne.

Info

Dieses Rezept ist die australische Variante jener schweren britischen Puddings, die mit viel Fett und Trockenfrüchten zubereitet werden. Auch er zählt zu den neuen, süßen Klassikern des fünften Kontinents.

Tipp

Palmzucker mit seinem einzigartigen Aroma finden Sie in Asienläden. Er gibt dem Sirup seinen ganz besonderen Geschmack. Bekommen Sie ihn nicht, kann er bei kleinen Mengen normalerweise durch braunen Zucker oder noch besser Rohrzucker ersetzt werden. Bei unserem Rezept sollten Sie dann aber lieber ganz auf das Sirupkochen verzichten und gleich zu Ahornsirup oder zu Ihrem Lieblingshonig greifen.

Klassiker

Lamingtons
Biskuitkonfekt mit Kokos

Für 40 Stück

Für den Teig
- 125 g weiche Butter
- 250 g Zucker
- 2 Eier
- 5 EL Milch
- 300 g Mehl
- 2 TL Backpulver
- Butter für das Backblech

Für die Glasur
- 500 g Puderzucker
- 80 g Kakaopulver
- 2 EL Butter
- 250 g Kokosraspel

1. Butter mit Zucker schaumig rühren, Eier nacheinander zugeben und schaumig schlagen. Milch einrühren, Mehl mit Backpulver mischen und untermengen.

2. Den Backofen auf 190 °C (Umluft 170 °C, Gas Stufe 3) vorheizen. Ein Backblech buttern und den Teig 2 cm dick darauf streichen. Im Ofen (Mitte) in 35 bis 40 Minuten goldgelb backen. Auf einem Gitter 1 Tag an einem warmen Ort trocknen lassen.

3. Den Kuchen in 40 Würfel schneiden. Puderzucker und Kakao mischen. 100 Milliliter Wasser mit Butter aufkochen und in die Mischung rühren. Den Kuchen damit überziehen und in den Kokosraspeln wenden. Die Lamingtons auf einem Gitter antrocknen lassen und in eine Dose mit Pergamentpapier zwischen den Lagen setzen. Luftdicht verschlossen bleiben sie mindestens 1 Woche frisch.

Zubereitungszeit:
ca. 45 Minuten
Garzeit:
35–40 Minuten
Ruhezeit:
24 Stunden

Variante
Für die etwas weniger üppige Biskuitversion 5 Eier mit 120 Gramm Zucker dick schaumig schlagen. Dann 120 Gramm Mehl, 5 Esslöffel Speisestärke und 1 ½ Päckchen Backpulver vermischen und unterziehen. 2 Esslöffel Butter in 5 Esslöffeln heißer Milch schmelzen und ebenfalls unterziehen. Den Teig auf ein gebuttertes Backblech streichen und im 180 °C heißen Backofen (Umluft 160 °C, Gas Stufe 2–3) in 25 bis 30 Minuten goldgelb backen. Weiter verarbeiten wie im Rezept beschrieben.

Info

Australier lieben Süßes und besonders lieben sie Süßes mit Geschichte wie die Passion Fruit Pavlova (Rezept Seite 82). Die Lamingtons soll ein cleverer Koch aus Queensland um die Jahrhundertwende erfunden haben, um in der Hitze zu schnell austrocknende Kuchen wieder saftig zu machen. Ob wahr oder nicht, benannt sind sie jedenfalls nach dem damaligen Gouverneur Lord Lamington.

Raffiniert

Pawpaw Scones
Papaya-Scones

Für etwa 20 Stück

- 2 Papayas (ca. 800 g)
- 1 Banane
- etwa 400 g Mehl
- 5 TL Backpulver
- 50 g weiche Butter
- 120 g Zucker
- 1 Ei
- Butter für das Backblech

Außerdem
- 2 EL eingelegter Ingwer
- 2 TL gehackte Minze
- 300 g Erdbeermarmelade
- 200 g Crème double

1. Die Papayas schälen, halbieren und entkernen. Die Banane schälen. Die Früchte in Stücke teilen und pürieren – es sollte 300 Milliliter Püree ergeben. Das Mehl mit dem Backpulver mischen. Die Butter mit dem Zucker und dem Ei dick schaumig rühren.

2. Den Backofen auf 225 °C (Umluft 200 °C, Gas Stufe 5) vorheizen. Die Eicreme samt Fruchtpüree schnell mit etwas Mehl verkneten, so dass ein dickflüssiger, noch glänzender Teig entsteht.

3. Vom Teig mit einem nassen Esslöffel Portionen abnehmen, auf ein gebuttertes Backblech setzen und im Ofen (Mitte) 10 bis 15 Minuten backen, bis die Scones schön aufgegangen sind.

4. Inzwischen den Ingwer hacken und mit der Minze unter die Marmelade rühren. Die fertigen Scones auf ein Gitter setzen, leicht auskühlen lassen und lauwarm mit Marmelade und Crème double zu einer Tasse Darjeeling-Tee servieren.

Zubereitungszeit:
ca. 30 Minuten
Garzeit:
10–15 Minuten

Variante
Ebenfalls sehr australisch sind Pumpkin Scones. Dazu 60 Gramm Butter mit 60 Gramm Zucker schaumig schlagen. 1 Ei, 150 Gramm Püree von gekochtem Kürbis und 1 Esslöffel Milch unterrühren, dann 300 Gramm Mehl und 4 Teelöffel Backpulver unterziehen. Diesen Teig ausrollen, mit einem kleinen Glas Kreise ausstechen und die Scones im 180 °C heißen Ofen (Umluft 160 °C, Gas Stufe 2–3) 15 bis 20 Minuten backen.

Klassiker

Coconut Fruit Cookies

Frucht-Cookies mit Kokos

Für etwa 40 Stück

- 100 g Sultaninen
- 100 g getrocknete Feigen
- 50 g kandierte Kirschen
- 4 EL Mehl
- ½ TL Backpulver
- 125 g weiche Butter
- 120 g Zucker
- 1 Prise Salz
- 1 Ei
- 100 g Kokosraspel
- etwa 2 EL Milch
- 100 g Cornflakes
- Butter für die Backbleche

1. Die Sultaninen abbrausen und trockentupfen. Die Feigen und die Kirschen würfeln. Das Mehl mit dem Backpulver mischen und unter die Früchte heben.

2. Die Butter mit dem Zucker und dem Salz schaumig rühren, dann mit dem Ei schaumig schlagen. Die Kokosraspel und die Früchtemischung unterrühren, so dass ein leicht reißender Teig entsteht. Nach Bedarf Milch unterrühren. Die Cornflakes darunter ziehen.

3. Den Backofen auf 175 °C (Umluft 160 °C, Gas Stufe 2) vorheizen. Zwei Backbleche buttern und mit etwas Abstand mit dem Teelöffel Teighäufchen darauf setzen. Die Cookies nacheinander im Ofen (mittlere Schiene, bei Umluft beide Backbleche auf einmal) 15 bis 20 Minuten backen.

4. Die Cookies auf Kuchengittern über Nacht auskühlen lassen. Luftdicht verschlossen aufbewahren. Sie bleiben 2 bis 3 Wochen frisch.

Zubereitungszeit:
ca. 30 Minuten
Backzeit:
15–20 Minuten
Ruhezeit:
über Nacht

Variante

Für klassische australische Anzac Biscuits 150 Gramm Haferflocken, 120 Gramm Weizenmehl, 70 Gramm Kokosraspel und 180 Gramm Zucker mischen. 125 Gramm Butter mit 1 Esslöffel Rohrzuckersirup schmelzen. 1 ½ Teelöffel Soda (gibt's in der Apotheke) in 2 Esslöffeln kochendem Wasser auflösen und mit der geschmolzenen Butter verrühren. Die trockenen Zutaten mit der heißen Buttermischung zu einem glatten Teig vermengen. Den Teig esslöffelweise auf gebutterte Backbleche setzen und im 160 °C heißen Ofen (Umluft 140 °C, Gas Stufe 1) 10 bis 15 Minuten backen, bis sie goldbraun sind. Die Anzac Biscuits auf Kuchengittern über Nacht auskühlen lassen.

Impressum

Die Deutsche Bibliothek –
CIP-Einheitsaufnahme:

Dickhaut, Sebastian:
Die Küche Australiens /
Sebastian Dickhaut. – Augsburg:
Augustus-Verl., 1999
(Lust auf Genuss)
ISBN 3-8043-6005-X

Projektleitung: Michaela Zelfel
Redaktion: Linde Wiesner
Gestaltung: Ludwig Kaiser, München
Layout: Andrés Gomez, Hans Raab
Umschlagfoto und Foodfotos: Odette Teubner, Füssen;
Freisteller: Fotoarchiv Teubner, Füssen; übrige: Michael Boyny, München
Druck und Bindung:
Offizin Andersen Nexö, Leipzig

Printed in Germany

ISBN 3-8043-6005-X

Gedruckt auf elementar chlorfrei gebleichtem Papier

Zutatenregister